MANUEL

DE

L'INSTITUTEUR PRIMAIRE.

Prix : 2 Francs.

MANUEL

DE L'INSTITUTEUR PRIMAIRE.

MANUEL

DE

L'INSTITUTEUR PRIMAIRE,

OU

PRINCIPES GÉNÉRAUX DE PÉDAGOGIE,

SUIVIS

D'UN CHOIX DE LIVRES A L'USAGE DES MAÎTRES ET DES ÉLÈVES,
ET D'UN PRÉCIS HISTORIQUE DE L'ÉDUCATION ET DE
L'INSTRUCTION PRIMAIRE.

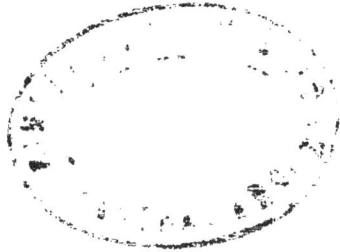

PARIS,

CHEZ F. G. LEVRAULT, RUE DE LA HARPE, N.° 81 ;

STRASBOURG, MÊME MAISON, RUE DES JUIFS, N.° 33,

1831.

PRÉFACE.

METTEZ un enfant dans la bonne voie, quand il avancera en âge, il ne s'en écartera pas [1], dit le sage Salomon, et il n'est personne au monde qui ne répète cet adage avec une entière conviction, personne qui ne trouve dans l'éducation de la jeunesse la plus forte garantie sociale. Pourquoi donc l'état de l'éducation est-il si peu prospère chez les nations les plus civilisées? pourquoi des peuples si supérieurs à leurs ancêtres sous le rapport des arts, des sciences, des idées généreuses, n'ont-ils pas encore pu s'affranchir de l'ancien pédantisme des écoles, et amener le triomphe définitif des lumières? — C'est parce qu'on perd son temps en vaines disputes et qu'on s'occupe de tout, excepté de la régénération intellectuelle et morale de l'espèce humaine.

Soyons justes pourtant : convenons aussi que le nombre de ceux qui voudraient perfectionner notre système d'éducation est assez considérable, que leur voix retentit à toutes les oreilles, qu'on commence à les écouter, et que les promesses du Gouvernement français, en faveur de l'éducation populaire, sont très-rassurantes. Il veut rendre l'instruction

[1] Prov. XXII. 6.

universelle et appropriée aux besoins du peuple; il veut améliorer le sort des instituteurs, en augmentant leur traitement, et pourvoir à leur éducation, en créant des écoles normales. Espérons que rien ne s'opposera à la réalisation de ces beaux projets; espérons, surtout, que les écoles normales ne se ressentiront pas de l'esprit étroit de la vieille pédagogie et qu'il en sortira des hommes supérieurs, qui ne croiront pas avoir rempli leur devoir, quand ils seront parvenus à faire lire, écrire, calculer, lever un plan ou réciter le catéchisme à leurs élèves, mais qui chercheront à provoquer le développement de toutes les facultés de ceux qu'ils dirigent.

Quelle que soit, cependant, la force de la volonté du Gouvernement d'acquitter sa dette envers la nation, en perfectionnant le système d'éducation populaire, des années se passeront encore avant que ses projets puissent être exécutés. Il importe, donc, de travailler avec lui, particulièrement en donnant des directions utiles au corps actuel des instituteurs. Car, quoique ces directions ne lui manquent pas entièrement, quoique la France ne soit pas privée de livres sur l'éducation, ces livres sont, en général, ou au-dessus de la portée de la masse des instituteurs, ou destinés seulement à exposer le mécanisme d'une certaine méthode d'enseignement et la discipline scolaire. Nous ne possédons pas encore sur la pédagogie populaire, dès ouvrages comparables à ceux de *Brentano*[1], *Demeter*[2], *Denzel*[3], *Dinter*[4], *Harnisch*[5], *Hein*[6], *Mauchart*[7], *Müller*[8], *Natorp*[9], *Nebe*[10], *Overberg*[11], *Riemann*[12], *Wiessner*[13],

---

1 *Kurze Instruction*, etc. : Courte instruction à l'usage des instituteurs ruraux catholiques du Wurtemberg, par Brentano ; Rotweil, 1807.

2 *Grundsätze, etc.* : Principes d'éducation pour les instituteurs, par J. Demeter ; Strasbourg, chez Levrault, 1820.

3 *Einleitung*, etc. : Introduction à l'instruction primaire, par B. G. Denzel ; Stuttgart, 1823, 3 vol.

4 *Schulverbesserungsplan*, etc. : Plan d'amélioration des écoles rurales de la Saxe, par J. F. Dinter ; Neustadt, 1815.

Die Schulconferenzen, etc. : Les conférences scolaires de la paroisse d'Ulmenhayn, par G. F. Dinter ; Neustadt, 1822.

5 *Handbuch*, etc. : Manuel des écoles primaires d'Allemagne, par W. Harnisch ; Breslau, 1820.

6 *Zwölf Schullehrerconferenzen*, etc. : Douze conférences d'instituteurs à Buchholz, par K. R. Hein ; Berlin, 1819.

7 *Vorlesungen*, etc. : Lectures faites dans des conférences scolaires, par Mauchart ; Tubingue, 1807.

8 *Die Erziehung*, etc. : L'éducation dans les écoles populaires, par F. J. Müller ; Kempten, 1823.

9 *Briefwechsel*, etc. : Lettres de quelques instituteurs et amis des écoles, par B. C. L. Natorp ; Essen, 1823.

Grundriss, etc. : Idées sur l'organisation des écoles urbaines, par B. C. L. Natorp ; Duisbourg et Essen, 1804.

10 *Der Schullehrerberuf*, etc. : La vocation de l'instituteur primaire, par J. A Nebe ; Reutlingen, 1826.

11 *Anweisung*, etc. : Guide de l'enseignement primaire pour les instituteurs du pays de Münster, par B. A. Overberg ; Münster, 1817.

12 *Nachricht*, etc. : Rapport sur les conférences d'une société d'instituteurs, par C. F. Riemann ; Berlin, 1812.

13 *Encyklopädisches Handbuch*, etc. : Manuel encyclopédique à l'usage des instituteurs, par A. Wiessner ; Leipzig, 1829.

Wilberg [1], *Zeller* [2] et autres, qui ont formé
un si grand nombre de bons instituteurs en
Allemagne, que l'éducation primaire de ce
pays est devenue un sujet d'émulation pour
les principales nations de la terre.

Il reste, par conséquent, à ceux qui s'intéressent aux progrès de l'instruction primaire
en France un grand devoir à remplir, celui
de publier leurs idées sur la pédagogie populaire, et de montrer, non-seulement, de
quelle manière on tient une école, mais encore comment on y élève des hommes.

L'auteur du *Manuel de l'instituteur primaire*
a travaillé dans ce sens, et, afin de mieux
réussir, il a profité des productions littéraires
de plusieurs pédagogues [3] allemands, entre
autres d'un opuscule de *Dinter* [4], auquel il
a emprunté la division d'une partie du texte
en petits paragraphes. Puisse ce travail être de
quelque utilité et répondre au but que l'auteur s'est proposé!

---

1 *Der Schulmeister Leberecht*, etc. : L'instituteur Leberecht,
par J. F. Wilberg; Elberfeld, 1822.

2 *Die Schulmeisterschule*, etc. : L'école des instituteurs, par
C. A. Zeller; Zurich, 1807.

3 En France, le mot de *pédagogue* est presque synonyme de
pédant; dans ce Manuel il signifie un homme qui s'occupe de
la science de l'éducation.

4 *Die vorzüglichsten Regeln*, etc. : Les principales règles de
la pédagogie, par G. F. Dinter; Neustadt, 1827.

MANUEL

DE L'INSTITUTEUR PRIMAIRE.

Notions préliminaires et plan général du Manuel.

1. L'ÉDUCATION en général est le développement de certaines forces, et en particulier le développement systématique des facultés de l'homme depuis sa naissance jusqu'à son adolescence.

2. Le sommaire des principes et des moyens d'éducation est appelé *pédagogie*. La pédagogie est une science lorsqu'elle pose les principes, et un art lorsqu'elle indique les moyens d'éducation.

3. L'*instruction*, qui communique à l'homme des connaissances positives et des talens, est une partie essentielle de l'éducation.

4. Celui qui veut instruire les autres doit connaître les règles d'après lesquelles il faut agir pour développer les diverses facultés de l'homme, ou la *didactique*. La *connaissance des méthodes* ou des moyens les plus propres à assurer le succès de l'enseignement, est une partie de la didactique.

5. Quoique pour l'ordinaire on ne cherche que l'instruction dans les écoles, il n'est pas permis d'y négliger l'ensemble de l'éducation. Les enfans passent

une bonne partie de leur temps dans l'école, et toutes leurs facultés prennent vie par les leçons qu'ils y reçoivent. Il importe donc de concourir, de toutes les manières, au développement des facultés de l'enfant, pour qu'il devienne capable d'occuper la place que les circonstances lui assigneront un jour dans la société. En conséquence l'éducation marchera de front avec l'instruction dans une bonne école, et les instituteurs connaîtront les principes fondamentaux de l'une et de l'autre.

6. On va indiquer *ces principes* en y ajoutant des *vues générales sur l'organisation des écoles*, et *des observations sur les devoirs spéciaux des maîtres.* La lecture de bons livres étant le meilleur moyen de rendre complète l'éducation des instituteurs et celle des jeunes générations, ce traité contiendra, outre les parties déjà mentionnées, un *choix des meilleurs livres* à l'usage des maîtres et des élèves. Il sera terminé par un *précis historique* de l'éducation et de l'instruction primaire, destiné à faire connaître ce qui a été tenté antérieurement pour l'émancipation du genre humain, et à faciliter la comparaison si utile des méthodes.

PREMIÈRE PARTIE.

DE L'ÉDUCATION.

CHAPITRE PREMIER.

Idées générales sur l'éducation et les parties dont elle se compose.

1. Le but de l'éducation étant indiqué dans sa définition [1], il ne reste qu'à s'entendre sur l'utilité du développement qu'elle procure.

2. L'homme ayant besoin de son semblable, il est évidemment destiné à vivre en société. Et la société n'étant qu'une agglomération d'individus réunis par des sympathies ou par des intérêts communs, tout ce qui est contraire à ces sympathies et à ces intérêts sera regardé comme un fléau pour elle.

3. La société cherchera par conséquent à étouffer les fermens de désordre et à multiplier les moyens de prospérité et d'union.

4. Le gouvernement seul n'est pas une garantie suffisante sous ce rapport. Il faut que les individus aient la volonté de contribuer au bien-être de la société. Or, cette volonté ne saurait être le résultat que du développement universel et progressif des facultés de l'homme.

[1] Voyez §. 1.er des notions préliminaires, pag. 1.

5. Ces facultés peuvent se développer spontané-ment, c'est-à-dire sans intervention étrangère; mais l'expérience démontre que la marche spontanée est lente et pénible; qu'il est utile de venir à son secours pour ne pas compromettre l'existence même de la société, qui veut tirer de ses membres autant d'avantages que possible.

6. L'éducation est donc une conséquence naturelle de la vie sociale; et comme il n'est pas raisonnable de nier l'utilité de la vie sociale, on ne saurait contester l'utilité de l'éducation.

7. Mais afin que l'éducation atteigne son but, elle travaillera au développement complet et harmonique de toutes les facultés de l'homme; elle n'en négligera aucune au détriment des autres.

8. Le mérite réel de l'homme et son aptitude à la vie sociale dépendant essentiellement de sa bonté morale, la culture des facultés intellectuelles sera subordonnée au développement des forces morales, lequel, sans être le but unique de l'éducation, en est pourtant le but final. [1]

9. Il est certain que l'éducation ne saurait im-

[1] *Pierre Charron*, l'ami de Montaigne et prédicateur distingué, dit : «Le précepte fondamental qui regarde le but et la fin de l'instruction est d'avoir beaucoup plus et tout le principal soin d'exercer, cultiver et faire valoir le naturel et propre bien, et moins amasser et acquérir de l'étranger; plus tendre à la sagesse qu'à la science et à l'art; plus à bien former le jugement, et par conséquent la volonté et la conscience, qu'à remplir la mémoire et réchauffer l'imagination.» (Livre de la sagesse, pag. 593, édit. de Paris de 1671.)

planter la volonté morale, dont le principe et la source se trouvent dans l'ame humaine. Cependant il est incontestable que l'éducation peut lever les obstacles qui s'opposent à son développement, fortifier les bonnes résolutions, atténuer les dangers dont elles sont menacées, et guider dans la pratique des devoirs.

10. On a prétendu que l'éducation, en propageant les lumières par l'instruction, était plus nuisible qu'utile à la société. Cela se peut lorsque l'éducation est défectueuse, mais jamais quand elle provoque le développement complet et harmonique de toutes les facultés humaines.

11. Quoique l'éducation doive être universelle, elle ne sera pas la même pour tous les hommes. Ses degrés dépendront, surtout pour l'instruction, des localités et de la condition future des élèves. Les degrés de l'instruction primaire se touchent néanmoins de si près qu'il est possible de donner pour tous des règles générales, sujettes à peu de modifications dans les différentes écoles.

12. L'éducation primaire est ou *domestique* ou *publique*, c'est-à-dire elle se fait dans la maison paternelle ou dans l'école.

13. Il est difficile de déterminer, d'une manière absolue, auquel des deux modes on doit accorder la préférence. Ce qu'il y a de certain, c'est que peu de parens sont dans le cas de procurer chez eux une bonne éducation à leurs enfans, soit à cause de l'insuffisance de leurs propres lumières, soit à cause de leur peu de fortune.

14. Si néanmoins il était question d'établir une règle générale à ce sujet, on pourrait admettre que l'éducation domestique convient aux filles et aux garçons en bas âge¹, mais que l'éducation publique est nécessaire aux garçons depuis l'âge de six ans au moins, et que toujours, à très-peu d'exceptions près, l'instruction commune l'emporte sur l'instruction particulière.²

15. Ce traité n'a en vue que l'éducation publique. Il pourra néanmoins être consulté par ceux qui s'occupent de l'éducation domestique, parce que le but de l'une et de l'autre est le même.

16. Dans tous les cas l'instituteur, en faisant l'application des principes posés dans ce livre, aura égard à l'âge et aux facultés de l'enfant.

17. Il n'oubliera jamais qu'il doit à ses élèves : l'*éducation physique*, appelée *diététique* lorsqu'elle s'occupe de la santé, et *gymnastique* lorsqu'elle se

---

¹ L'éducation domestique des enfans en bas âge a de graves inconvéniens dans les familles pauvres, où les parens sont ordinairement peu instruits et occupés au dehors. On ne saurait par conséquent trop encourager, à la ville comme à la campagne, l'établissement de *salles d'asile* pour les enfans de deux à six ans. C'est de l'établissement et de la bonne direction de ces salles d'asile que dépendra, en grande partie, le succès de l'éducation populaire en France.

² L'exception ne s'applique qu'aux enfans d'une légèreté excessive, d'un caractère indocile ou d'une grande faiblesse d'esprit. Dans ces cas l'instruction particulière paraît mériter la préférence sur l'instruction commune, parce que l'enfant léger, indocile ou faible d'esprit ne ferait pas de progrès dans une école, ou arrêterait les progrès de ses camarades.

propose de fortifier le corps par des exercices progressifs et réguliers ; l'*éducation intellectuelle*, qui forme le jugement ; l'*éducation esthétique*, qui développe le sentiment ; et l'*éducation morale*, qui dirige la volonté. Il n'oubliera jamais que l'*instruction* n'a de prix qu'en contribuant à former des hommes sains de corps, intelligens, sensibles et moraux.

CHAPITRE II.

De l'éducation physique.

1. Le corps est l'instrument de l'ame, et l'on a remarqué que l'ame se ressentait de toutes les affections du corps. Si le physique souffre, le moral souffre également, et des enfans valétudinaires profitent, dans la règle, beaucoup moins de l'enseignement que les enfans robustes et bien portans. C'est donc un devoir sacré pour l'instituteur de veiller au développement physique de ses élèves.

2. Il est vrai que les parens sont chargés spécialement de la santé de leurs enfans. Mais combien d'entre eux s'acquittent de ce devoir avec l'exactitude désirable? Combien d'entre eux savent ce qui convient sous ce rapport? L'instituteur suppléera donc à la négligence et à l'insuffisance des parens; il se rappellera qu'il est le père de la génération naissante, que de ses sages directions dépend, en quelque sorte, le bonheur futur de la société.

3. La *diététique* sera le premier objet de la sollicitude d'un digne instituteur.

4. Il aura soin d'entretenir un bon air dans la salle d'école, qui sera toujours propre.

5. Comme il ne dépend pas de lui que les enfans soient bien mis, il veillera du moins à leur propreté. Il assignera des places séparées, il fermera même pour un certain temps l'école aux enfans teigneux, affligés d'une éruption à la peau ou autre maladie contagieuse.

6. Il ne permettra pas aux élèves d'être assis de travers, d'appuyer leur poitrine contre la table, de tenir leurs yeux trop près du livre.

7. Il ne battra point les enfans, ne leur imposera pas de fardeaux, ne leur fera prendre aucune position gênante ou douloureuse, ne les enfermera pas dans des lieux obscurs, ne les mettra pas à la porte en hiver; en un mot, il évitera de les punir de manière à compromettre leur santé.

8. L'instituteur fera connaître aux élèves, dans l'intérêt de leur santé, la structure du corps humain; il leur fera sentir les avantages d'un mouvement modéré; il leur indiquera les moyens de se préserver de l'échauffement et du refroidissement; il les rendra attentifs aux moyens de se préserver des dangers dont ils sont menacés dans les différentes saisons de l'année et pendant la durée de maladies contagieuses; il leur fera connaître les plantes vénéneuses de leur pays; les conséquences fâcheuses des remèdes empiriques ou magiques; les inconvéniens de certains métiers; les suites de l'intempérance, de la malpropreté, de l'imprévoyance; les malheurs qui

peuvent résulter de la lutte, des jeux d'enfance, des bains de rivière, etc.

9. La *gymnastique* sera le second objet de la sollicitude de l'instituteur.

10. Il fera tout ce qui dépendra de lui pour assurer le développement des forces physiques de ses élèves, surtout de ses pensionnaires, s'il en a.

11. Il se gardera néanmoins d'attacher une trop haute importance à cette partie de l'éducation physique de la jeunesse, d'y consacrer trop de temps.

12. Il pourra consulter les meilleurs traités de gymnastique, en se rappelant toutefois que sa mission n'est pas de former des funambules ou des acrobates, mais des hommes agiles et vigoureux.

13. La nature porte l'enfant à se donner du mouvement; il veut courir, lutter, nager, sauter, grimper. L'instituteur encouragera ce penchant et en surveillera l'exercice ; il indiquera les moyens de succès, et apprendra à surmonter les difficultés.

14. S'il est jeune et s'il a de l'autorité sur ses élèves, il prendra part à leurs exercices et à leurs jeux. Dans tous les cas il les surveillera afin de prévenir les accidens.

15. Pour cet effet il engagera ses élèves, surtout à la campagne et dans les petites villes, d'avoir un point commun de réunion pour y passer leurs heures de récréation. Il s'y rendra, en temps utile, toutes les fois que ses occupations le lui permettront.

16. La promenade étant très-favorable à la santé, l'instituteur profitera, de temps en temps, des jours de congé, pour y conduire ses élèves. Il y trouvera

une excellente occasion de leur faire faire des exercices de gymnastique.

17. Quelle que soit l'utilité de la gymnastique,
elle ne remplira néanmoins pas tout le temps des
promenades et des récréations. A la promenade le
maître fera remarquer à ses élèves les beautés de la
nature, et de la végétation; il rendra pratique l'enseignement qu'il donne dans l'école. Pendant les
heures de récréation, il leur montrera parfois
quelque objet curieux, il fera en leur présence des
expériences de physique ou de chimie, il leur apprendra à lever des plans, et ainsi de suite.

18. On ne saurait exiger de l'instituteur le sacrifice de tout le temps qu'il passe hors de l'école. S'il
a des pensionnaires, son intérêt l'éclairera sur ce
qu'il doit faire à cet égard; s'il n'a que des externes,
et s'il est pénétré de l'importance de sa mission, il
surpassera l'attente des plus difficiles à contenter.

CHAPITRE III.

De l'éducation intellectuelle.

1. Les facultés intellectuelles sont intimement
liées entre elles, et ont besoin d'un développement
harmonique, quoiqu'il ne soit guère possible de
les tenir dans un équilibre parfait, parce que l'une
d'entre elles est presque toujours prédominante. On
se gardera bien de comprimer la faculté prédominante
au profit des autres; il faut au contraire lui donner
une bonne direction, et travailler avec un redouble-

ment de zèle aux facultés moins prononcées, pour assurer le succès de l'instruction.

2. Ces facultés ne se manifestent que graduellement. Il ne résulte pourtant pas de ce fait, qu'il faille adopter pour l'éducation les trois périodes, des *sens*, de l'*entendement* et de la *raison*. L'existence de ces trois états est simultanée, quoiqu'à des degrés différens.

3. Le plus grand obstacle au développement intellectuel de la jeunesse, est son inexpérience complète en arrivant dans les écoles. Ses progrès seraient bien plus rapides, et la tâche du maître bien moins pénible, si l'on excitait doucement ses facultés à dater de la seconde année de sa vie. [1]

4. Cela n'a pas lieu, du moins pas généralement, et l'instituteur cherchera, par conséquent, à réparer, autant qu'il est en lui, la perte d'un temps précieux, occasionée par l'incurie ou l'incapacité des parens.

5. Il fera concourir chaque partie de son enseignement au développement des facultés intellectuelles de ses élèves, et il consacrera même des heures spéciales à cet objet, particulièrement dans les classes inférieures, où le besoin s'en fait sentir davantage.

6. L'*intuition* est reconnue, depuis long-temps, comme le meilleur auxiliaire de l'instruction. Elle s'occupe des *mots*, des *nombres* et des *figures*.

---

[1] C'est sous ce rapport surtout qu'on recommandera les salles d'asile. Voyez la note page 6.

7. Elle fixe l'attention, elle apprend à bien voir les objets, elle prépare aux leçons de calcul, elle donne un coup d'œil juste, de l'aptitude aux arts et aux métiers, elle influe même sur le caractère moral, en ce qu'elle rectifie le jugement.

8. On se gardera néanmoins d'exagérer les avantages de l'intuition, et de la confondre avec le but de l'éducation. Il ne faut pas en attendre le salut du genre humain, à l'exemple de certains enthousiastes, qui se jettent à corps perdu dans tout ce qui est nouveau, qui rêvent une méthode universelle et la pierre philosophale de l'éducation. Malheur à celui qui suivrait en esclave les erremens d'autrui; qui disséquerait, à perte de vue, les objets soumis à l'intuition; qui transformerait l'enseignement en un pur mécanisme; qui, en ne laissant rien à deviner aux élèves, ravalerait l'humanité au lieu de la relever.

9. Dès que l'enfant entre dans l'école, on l'accoutumera à faire attention aux discours du maître, à dire distinctement et en bon français ce qu'il sait, particulièrement lorsqu'il a été négligé dans la maison paternelle.

10. On commence par l'interroger sur les objets qui frappent ses sens; on lui ordonne de nommer ou de compter, par exemple, les fenêtres, les tableaux, les bancs, les élèves, etc. Après ce premier exercice on passe à des objets qui sont en dehors de la salle d'école, mais qu'il voit habituellement. Plus tard on le rend attentif aux parties dont ces objets se composent, et de ces parties il sera as-

treint à refaire un tout. C'est lui donner des *notions.*

11. Quand une fois l'enfant a des notions, il sera facile d'exercer son jugement et les autres facultés qui s'y rattachent.

12. On lui fera comparer les notions qu'il aura acquises, d'abord des objets visibles, ensuite des idées abstraites; il apprendra à distinguer leurs différens attributs, à remarquer leur analogie et leur différence, à les classer progressivement.

13. On l'exercera à trouver les effets des causes, et les causes des effets.

14. On lui donnera des prémisses dont il tirera les conséquences.

15. On lui expliquera les termes abstraits dont on fait usage dans l'enseignement, et on le préparera à trouver lui - même la signification de ces termes.

16. Pour s'assurer que l'intelligence des élèves se développe réellement, on aura soin d'entremêler à des propositions vraies quelques propositions fausses qui ne passeront pas inaperçues.

17. Dès que les enfans connaissent les principales parties du discours, on en fera le sujet d'une foule d'exercices. On leur donnera des substantifs auxquels ils lieront des adjectifs, et réciproquement; on écrira au tableau des mots de différentes espèces, qu'ils classeront, etc.

18. Parfois l'instituteur racontera des traits d'histoire, des anecdotes, etc., et il interrogera les élèves sur le mérite de ce qu'ils viennent d'entendre. Il

proposera des énigmes et des proverbes, pour faire deviner les unes, et expliquer le sens des autres. Une critique sévère présidera au choix des énigmes. On sera moins scrupuleux dans celui des proverbes, qui, étant généralement connus et sujets à de grands abus, ont tous besoin d'être expliqués.

19. On ne permettra pas aux enfans de répondre par monosyllabes aux questions qui leur sont adressées; ils répondront par des phrases, dont la teneur fera juger de leurs progrès.

20. La *mémoire*, qui se manifeste de bonne heure chez l'homme, est un excellent auxiliaire pour le développement des facultés intellectuelles, pour assurer le succès de l'enseignement et de toutes les affaires de la vie. Elle ne sera donc pas négligée.

21. Au moyen de la mémoire, on retient les choses, les nombres, les lieux et les sons. On peut donc établir une distinction entre la mémoire des *choses*, des *nombres*, des *lieux* et des *mots*.

22. La mémoire a de l'*étendue*, quand elle retient beaucoup en peu de temps; elle est *exacte*, quand elle saisit les moindres détails; elle est *fidèle*, quand elle retient long-temps.

23. Les qualités d'une bonne mémoire sont d'être *facile*, *fidèle*, *tenace* et *prompte*. On la fortifie moins par les moyens artificiels offerts par la *mnémotechnie* que par un fréquent exercice.

24. On exerce la mémoire locale en répétant les leçons de géographie, en récitant différentes leçons sans cahier et dans un ordre donné.

25. La mémoire des nombres ne saurait être

mieux perfectionnée que par l'histoire, la géographie et le calcul de mémoire.

26. La mémoire des choses et des mots tient uniquement à de fréquentes répétitions, qui auront lieu dans un ordre sans cesse varié, et très-souvent par questions et réponses.

27. La première est plus utile au peuple que la seconde. On lui accordera, par conséquent, la préférence, sans toutefois négliger la mémoire des mots, qui acquiert de la force lorsqu'on fait apprendre par cœur aux enfans des fables, des morceaux de poésie sacrée et profane, des maximes, etc.

28. Comme les enfans retiennent le mieux les idées qui naissent de l'observation sensible, elles seront le premier objet des exercices de mémoire. En général, on ne fera apprendre aux enfans que les choses qui sont à leur portée, à moins que le contraire ne soit impérieusement exigé par des circonstances fortuites.

29. Les enfans qui ne savent pas lire, apprennent par cœur en répétant ce qu'un autre leur récite. Ceux qui ont un commencement de lecture, apprennent dans un livre ce qui leur aura été répété plusieurs fois. Les élèves plus avancés ne lisent qu'une seule fois à haute voix, dans le ton le plus convenable et en présence du maître, ce qu'ils devront imprimer à leur mémoire.

30. Pour gagner du temps, la classe ou division supérieure n'apprendra par cœur que ce qui est en rapport direct avec les leçons qu'elle reçoit.

31. De temps en temps on fera répéter aux élèves

ce qui aura été appris dans plusieurs leçons. Ces répétitions donnent de l'assurance et empêchent d'oublier trop vite..

32. L'instituteur tiendra à une bonne récitation. Il ne fera pas de ses élèves des déclamateurs, mais il ne leur passera pas la moindre négligence dans l'expression et dans le ton.

33. L'*imagination* est de toutes les facultés de l'homme celle qui exerce sur lui la plus vaste influence. C'est elle qui pousse aux grandes actions, qui fait les artistes, les enthousiastes, les fanatiques, les mécontens, les fous; en un mot, qui produit les résultats les plus heureux et les plus déplorables. On la surveillera donc dans de jeunes têtes ardentes, qui ne trouvent rien de si beau que de se laisser guider par elle.

34. Ce n'est pas à dire qu'on la comprimera; il suffit de prévenir ses écarts, et souvent même il faut en hâter le développement là où elle est lente à se manifester.

35. On évite ses écarts, en faisant analyser des idées, en allant aux preuves, en s'arrêtant long-temps au même objet, en le considérant sous tous ses points de vue, en s'arrêtant au milieu des descriptions les plus animées, pour faire de graves réflexions ou pour entrer dans des détails minutieux.

36. On réveille l'imagination, en engageant les élèves à décrire avec précision les objets qu'ils ont vus; en les mettant à la recherche des similitudes; en les occupant à dessiner, de mémoire, des cartes géographiques; en leur racontant beaucoup avec les

plus vives couleurs et en les accoutumant à inventer eux-mêmes de petites historiettes.

37. On exalte l'imagination par des récits trop multipliés et trop romanesques, par la dépréciation intempestive du présent, par l'éloge outré du passé, par la peinture trop avantageuse de l'avenir, et surtout par la description purement matérielle de la vie future. L'instituteur qui aurait à se reprocher des faits de cette nature serait bien coupable, il préparerait une foule de maux à un grand nombre de ses élèves.

CHAPITRE IV.

De l'éducation esthétique.

1. Le *sentiment* exerce une influence extraordinaire sur l'homme. Bien dirigé il purifie, il ennoblit son être, il lui procure le ciel sur la terre, tandis que si son développement est abandonné au hasard, il peut devenir une source féconde en maux cuisans. Il importe, par conséquent, que l'instituteur lui accorde ses soins les plus assidus.

2. L'homme a le sentiment du *vrai*, du *bien*, du *beau* et de la *religion;* mais il n'en possède que les élémens, qui ont besoin d'être séparés, classés et nourris convenablement.

3. Le sentiment se manifestant de bonne heure dans l'homme, et étant difficile à maîtriser lorsqu'il a pris une fausse direction, l'instituteur le cultivera dès qu'il entre en rapport avec un élève.

4. Il s'efforcera de lui présenter les choses sous

leur véritable point de vue; d'éviter les réticences, de prévenir les erreurs, de fortifier dans son cœur, par des exemples tirés de l'histoire et autres, l'amour de la vérité et l'horreur du mensonge.

5. Il rendra attentif à la voix de la conscience et à l'obligation de l'écouter, en dépit de la sensualité.

6. Il fera remarquer à ses élèves les beautés de la nature et celles qu'on rencontre dans les livres. Il ne leur fera apprendre par cœur que des morceaux choisis dont ils peuvent apprécier le mérite. Il ne leur permettra pas d'avoir, soit dans leurs livres, soit ailleurs, des images de mauvais goût, et il ne placera jamais dans sa salle d'école des ornemens qui blesseraient les yeux des connaisseurs. Il donnera ou fera donner aux élèves des classes supérieures des leçons de dessin, surtout dans les écoles urbaines. Il les habituera à un chant doux et mélodieux, et choisira des textes capables de faire oublier les mauvaises chansons populaires.

7. Développé de cette manière, le sentiment du beau fera respecter les productions de la nature et des arts; il conduira au sublime, qui réveille infailliblement le sentiment religieux.

8. Le sentiment religieux est sans doute le plus universellement répandu, et en même temps celui dont on suit le moins les inspirations. La contemplation des beaux effets de la nature, de ses tableaux gigantesques, de ses phénomènes extraordinaires, y ramène le faible mortel ou l'empêche de l'étouffer.

9. L'instituteur donnera un soin particulier à ce

sentiment si précieux pour le repos de l'ame et pour le bien-être de la société. Il parlera de la nature et de la conscience, comme s'il n'avait d'autre but que de montrer partout le doigt de Dieu et l'obligation de marcher dans ses voies. Il fera sentir que le cœur ne se trompe point en admettant l'existence d'une cause première des choses, d'un modérateur de l'univers, d'un législateur du genre humain. Il s'attachera à faire comprendre que le sentiment religieux est l'essence de notre être, le guide de la vie, la condition nécessaire du bonheur individuel et social, qu'il domine tous les autres sentimens, qu'il ennoblit toutes les facultés de l'ame, qu'il donne du prix aux connaissances acquises par l'instruction.

CHAPITRE V.

De l'éducation morale.

1. L'homme est dominé par des mouvemens instinctifs et par des appétits sensuels qui, pouvant le placer au niveau de la brute, ont besoin d'un correctif puissant, d'une surveillance active, d'une direction forte et soutenue.

2. Ce correctif, cette surveillance, cette direction est ce qu'on appelle l'éducation morale de l'espèce humaine, qui, comme il résulte du chapitre précédent, a été gratifiée par la nature d'un sentiment précieux à cet égard.

3. L'homme est né libre, il a une volonté. C'est

assez dire que l'éducation morale ne saurait avoir pour but d'agir par voie de contrainte, mais par la persuasion.

4. La contrainte peut rendre nos actions légales, mais elle n'a pas pour résultat direct de déterminer la volonté intime, de produire la conviction. Cet effet ne sera dû qu'à la persuasion.

5. L'habitude ayant, néanmoins, un grand empire sur les hommes, l'instituteur qui aura compris l'étendue des devoirs que l'éducation morale de ses élèves lui impose, usera de contrainte et d'autorité pour les faire marcher dans le sentier de la droiture, de la justice, de l'honnêteté. S'il attendait l'époque de leur émancipation intellectuelle, avant de les accoutumer au respect dû à la morale, il serait à craindre qu'ils ne prissent des habitudes vicieuses, difficiles à déraciner; et autant vaut, sans doute, forcer un peu leur volonté, pour leur donner des habitudes que plus tard ils seront bien aises de posséder.

6. Cette contrainte, exercée avec douceur et fermeté en même temps, ne s'étendra, néanmoins, qu'aux objets dont l'enfant ne peut encore se rendre raison. Elle ne sera absolue que là où une obéissance prompte est nécessaire pour prévenir des accidens fâcheux. Dans toutes les autres circonstances elle sera motivée de manière à faire respecter, au moins, l'autorité du maître. Elle cessera du moment où la volonté commence à se fortifier par le raisonnement. Alors on s'adressera à la raison et au sentiment, si l'on ne veut pas faire de l'homme une machine ou un méchant.

7. On maîtrise la volonté, c'est-à-dire on rend l'homme moral par la raison, en lui exposant les avantages d'une conduite conforme aux règles qu'on lui donne, en le convainquant que par l'opposition il se prive de l'estime de lui-même et des autres. On maîtrise la volonté par le sentiment, par les idées religieuses, par la conscience, par le respect qu'inspirent ceux qui dirigent, par les peines et les récompenses.

8. L'instituteur, pour assurer le succès de l'éducation morale de ses élèves, s'étendra souvent sur le sens intime des principaux événemens racontés dans les saintes écritures, et sur les événemens ordinaires de la vie dont les enfans ont été eux-mêmes les témoins. Il s'en rapportera uniquement à la morale vulgaire, qu'il présentera toujours sous le point de vue religieux. Il apprendra à respecter les droits d'autrui, à reconnaître la dignité humaine, à aimer les hommes.

9. Il évitera de laisser germer dans le cœur de l'enfant les principes du fanatisme ou de l'incrédulité.

10. Pour atteindre ce but il ne laissera rien dans le vague; il définira avec la plus scrupuleuse attention toutes les idées, surtout les idées religieuses qu'il rattachera à la morale et ne présentera jamais d'une manière trop matérielle.

11. Un bon système de *peines* et de *récompenses* ne rend pas nécessairement bon, mais il a l'avantage de concourir à la moralité par l'habitude, qui, selon le proverbe, est une seconde nature. On y prêtera donc une attention particulière.

12. Le système des peines et des récompenses ne doit pas se proposer de prévenir toutes les fautes dont les élèves pourraient se rendre coupables dans l'école. Il est à désirer que l'enfant trouve des occasions de faillir sous les yeux du maître, afin que ce dernier puisse le reprendre, le rendre attentif à la moralité et aux conséquences des actions. On se gardera, cependant, des exagérations dont ce principe est susceptible.

13. Les récompenses ont pour but de porter au bien; les peines, d'assurer l'ordre et de dompter les récalcitrans; toutes celles qui dépassent ce but sont inutiles.

14. Il faut, autant que possible, que les récompenses et les peines soient prévues et déterminées par des réglemens. Alors elles seront respectées, pourvu que le maître ne soit ni partial, ni emporté.

15. La louange et le blâme suivent toutes les actions humaines, par conséquent aussi celles des élèves d'une école; mais on les distribuera avec réserve et équité.

16. On ne louera pas trop souvent les élèves, et les louanges ne seront que des marques d'estime ou d'amour. Elles s'adresseront moins aux progrès résultant des dispositions naturelles et de l'application, qu'aux qualités de l'esprit et du cœur. Les éloges donnés aux progrès ou à l'application seront toujours relatifs, parce que les progrès et l'application dépendent le plus souvent du génie et des rapports domestiques de l'élève, c'est-à-dire de deux

circonstances qui modifient singulièrement le mérite des enfans.

17. On n'oubliera pas que le faible a plutôt besoin d'un encouragement pour un demi-succès, que le fort pour des progrès éclatans.

18. Les éloges et les récompenses entretiennent l'émulation si nécessaire parmi les élèves; mais il ne faut pas qu'ils soient de nature à satisfaire l'amour-propre, à flatter la vanité, à nourrir l'orgueil au détriment du cœur. Dans ce cas, ils seraient un moyen de corruption, et quelquefois même la cause d'un relâchement de zèle.

19. Sous ce rapport les distributions de prix et les marques honorifiques accordées aux enfans ont de graves inconvéniens. On pourra cependant les atténuer en faisant sentir à ceux qui ont obtenu des distinctions, qu'ils n'ont reçu que des marques de satisfaction de leurs supérieurs, dont ils ne se rendront dignes qu'en persévérant dans leur conduite passée.

20. Le blâme, qui doit suivre naturellement les actions répréhensibles des élèves, sera fondé et sévère sans être déshonorant. Il en sera de même des peines positives.

21. L'enfant sera toujours admis à se justifier, à s'excuser, pourvu qu'il n'oublie pas le respect dû au maître.

22. Si la faute n'a pas été commise en public, et si elle est ignorée des condisciples, on peut reprendre le coupable en particulier; mais si la faute est publique, la correction sera publique aussi.

23. On n'est pas d'accord sur les peines les plus appropriées au but qu'elles se proposent. Cependant il paraît certain que les réglemens académiques défendent avec raison de battre les enfans, et qu'elles auraient pu défendre encore d'autres punitions, qui endurcissent la jeunesse au lieu de la corriger.

24. L'instituteur qui traite ses élèves avec douceur et fermeté, qui les rend attentifs aux conséquences de leurs fautes, qui assigne des places séparées aux tapageurs ou aux crasseux, qui exclut momentanément des jeux les perturbateurs, aura rarement à recourir à la prison et autres pénitences de l'ancien régime. Sa punition la plus terrible sera la déclaration qu'un méchant, qui n'écoute rien, ne vaut pas la peine qu'on s'occupe de lui. A moins que le coupable ne soit profondément corrompu, cette déclaration ne manquera pas de produire un bon effet.

25. Lorsqu'il est question d'une faute grave, dont la source paraît être dans un mauvais cœur, l'instituteur punira avec une certaine solennité, à la fin des leçons, quelquefois même en présence d'une personne chargée de la surveillance de l'école. L'exclusion d'un élève ne sera prononcée qu'à la dernière extrémité.

26. Il serait peu juste de punir les enfans pour des fautes qui proviennent de la négligence des parens.

27. Dans les écoles où les élèves montent et descendent de leurs places, l'instituteur ne s'écartera jamais des règles établies à cet égard. Il n'attachera

pas une haute importance à cet usage, qui fait perdre du temps, qui enfante des disputes, qui flatte la vanité et décourage. Il ne fera pas changer de place dans les leçons de religion.

28. Il usera également de beaucoup de circonspection à l'égard des bonnes et des mauvaises notes qu'on a coutume d'inscrire sur un tableau. Elles conduisent facilement à l'hypocrisie. — Les bonnes et les mauvaises notes importent plus au maître qu'à l'enfant; elles servent à lui donner une idée générale de la conduite de chacun de ses élèves. Cependant des notes inscrites d'office dans un registre sur les meilleurs et sur les plus mauvais sujets, peuvent produire un excellent effet, si les écoliers ont confiance dans l'impartialité du maître.

29. L'autorité de l'instituteur ne s'étend hors de l'école que sur le chemin qui y conduit. Il ne punira donc pas des fautes commises en dehors de cette sphère; mais il pourra faire de sages remontrances toutes les fois qu'il n'est pas retenu par la susceptibilité des parens.

30. Il y a des qualités qui, sans être nécessairement morales, ont un avantage infini pour l'homme qui les possède, et qui sont, pour ainsi dire, la garantie du succès de son éducation morale; telles sont : la *propreté*, l'*ordre*, l'*amour du travail*, la *véracité*, la *franchise*, la *politesse* et la *sociabilité*. Il y a des penchans qui ont besoin d'une surveillance sévère pour ne pas devenir le germe d'une foule de vices, comme ceux du *bien-être physique*, de l'*ambition*, de l'*égoïsme*, de l'*imitation*, de la

liberté, de *l'amour des hommes, et de la patrie*. L'instituteur cultivera avec soin ces qualités et ces penchans.

31. La *propreté*. Elle ne consiste pas à avoir de beaux habits. Aussi l'instituteur ne s'occupera-t-il jamais de la nature des vêtemens de ses élèves, qui dépend de la fortune et de la volonté des parens; mais il exigera que les enfans soient lavés et peignés en venant à l'école, qu'ils ne salissent, ni leurs cahiers, ni leurs livres.

32. L'*ordre*. On accoutume les enfans à l'ordre, en observant une grande régularité dans les leçons et les différens exercices qu'on y fait, en punissant les moindres négligences dont ils sont eux-mêmes la cause: la perte ou l'oubli de livres, cahiers, devoirs et autres; en inspectant leur petit mobilier scolaire, en leur faisant rédiger le plan des leçons, en les interrogeant sur leur manière de travailler, et en leur donnant des conseils à cet égard.

33. L'*amour du travail*. Il ne résulte, pour l'ordinaire, que de l'habitude et de la conviction qu'il est avantageux. Un bon maître agira en conséquence. Il cherchera à fixer l'attention des élèves; il exigera que tous les devoirs soient faits avec exactitude; il fera sentir que les progrès en dépendent, et que l'oisiveté rend toujours malheureux.

34. La *véracité*. Le mensonge est le produit de la crainte excitée par la trop grande sévérité des parens ou du maître. Ce dernier, ne pouvant pas dicter des lois aux parens, fera de son côté tout ce qui dépend de lui pour obtenir la confiance des élèves.

Il mettra dans ses rapports avec eux autant de douceur que d'équité. Il pardonnera des fautes légères
si le coupable les dénonce lui-même, ou s'il les
avoue à la première interpellation; il punira avec
moins de rigueur les fautes graves, lorsque ceux
qui les ont commises ne cherchent pas à les cacher.

35. La *franchise*. Cette qualité inestimable de
l'homme aura occasion de se développer, lorsqu'on
permet à l'élève de se défendre s'il est accusé, de
faire des réponses hardies et des objections, lorsqu'on lui passe des saillies innocentes qui ne bles-
sent personne.

36. La *politesse*. L'instituteur, sans exiger de ses
élèves trop de marques de déférence pour sa personne, les astreindra à un maintien décent, à saluer
avec respect leurs supérieurs, à être complaisans
même envers leurs inférieurs, à ne se servir jamais
d'expressions dures ou inconvenantes, à ne pas
vouloir avoir le dernier mot. La politesse est utile,
même au village.

37. La *sociabilité*. Les enfans ne s'accordent pas
toujours entre eux; ils se disputent et se dénoncent
mutuellement. De là des jeux troublés, des rixes et
des inimitiés. Le maître examinera avec calme le
sujet des disputes; s'ils sont peu importans, il fera
comprendre aux partis les suites fâcheuses d'une
trop grande susceptibilité; s'ils ont un caractère
plus grave, il privera de la récréation les plus mutins, et punira ceux qui auront offensé avec prémé-
ditation. Il ne croira pas les dénonciateurs sur parole; il examinera les faits avec la plus scrupuleuse

attention; il verra si l'accusé n'a pas été provoqué, et si l'accusateur ne s'est pas vengé lui-même. Si l'offense a été involontaire, il engagera l'offensé à pardonner; si elle ne concerne point le dénonciateur même, il ne l'écoutera pas. En général, il n'encouragera pas la délation; il la représentera même comme un vice odieux qui mérite d'être puni s'il résulte de l'envie ou de la jalousie. Il engagera les enfans à se supporter en leur faisant sentir que souvent les offenses sont réciproques, et que dans tous les cas il faut se tolérer mutuellement. Par là il les accoutumera à s'entendre entre eux, et à ne se présenter devant son tribunal que pour y faire juger des actes d'une odieuse méchanceté. Dès-lors la paix ne sera que rarement troublée, et toujours elle sera rétablie en peu de temps.

38. Le *bien-être physique.* L'homme tend à jouir de tout ce qui flatte les sens, à éviter tout ce qui les contrarie. On ne parviendra jamais à le changer sous ce rapport. Tout ce qu'on peut faire c'est de prévenir les abus de cette disposition. On fera donc entendre à l'enfant que les jouissances physiques ne sont pas le but de la vie, qu'il est utile de les subordonner au devoir, et que les contrariétés de la vie, au nombre desquelles on range trop souvent le travail, sont, dans le jeune âge surtout, une garantie de l'avenir, un moyen de se procurer des jours prospères.

39. L'*ambition.* Dans l'âge le plus tendre l'homme cherche à se faire remarquer des autres, à recevoir des éloges ou des récompenses. Ce penchant est

devenu la source des plus grands maux qui aient
affligé le genre humain. Il a donc besoin d'une surveillance spéciale. Ce n'est pas à dire qu'il faille
habituer les enfans à se mettre au-dessus de l'opinion, à rester indifférens à la louange ou au blâme.
Mais il est indispensable de corriger l'amour-propre
excessif, l'esprit de domination, et la manie de se
distinguer à tout prix, par des entreprises péril-
leuses, par des lazzis indécens, par le mépris qu'on
affecte pour la manière d'être et les discours d'autrui, par exemple des personnes avancées en âge.
A cet effet on fera connaître à la jeunesse le véritable honneur, qui consiste à posséder l'estime des
honnêtes gens, l'amour de ses camarades, une
conscience irréprochable et l'approbation de Dieu.
On se gardera bien d'exciter au travail par la per-
spective d'un avancement rapide dans le monde. On
fera, au contraire, aimer aux enfans leur sphère,
en leur représentant que toutes les conditions sont
également honorables. Ceux que la nature destine
à de grandes choses n'en feront pas moins leur
chemin ; ceux qui ne possèdent pas des talens distingués en deviendront plus heureux.

40. L'*égoïsme*. Rapporter tout à eux-mêmes, sacrifier l'intérêt commun à leur intérêt particulier :
telle est la pensée secrète de beaucoup d'hommes.
On n'aura pas beaucoup de peine à convaincre la
jeunesse que l'amour de soi exclusif souille le cœur
humain ; mais ce n'est pas tout : il faut le combattre
à outrance, en habituant les enfans à soumettre leur
volonté individuelle à la volonté générale et à res-

pecter les intérêts communs; en les rendant attentifs au bonheur qu'on éprouve à travailler au bien-être d'autrui; en accordant des éloges aux actes de désin-téressement.

41. *L'imitation*. Rien n'est plus général dans notre espèce que le penchant d'imiter les autres. Il se manifeste au sortir du berceau et, s'il est abandonné à lui-même, il peut produire des vices ou de mauvaises habitudes. L'enfant imite les grandes personnes et ses camarades, parce qu'il croit que c'est bien, ou parce qu'il veut se faire remarquer; et comme les mauvaises qualités sont ordinairement plus saillantes que les bonnes, il imitera plus souvent le mal que le bien. De là, les attitudes vicieuses du corps, la contraction des traits de la figure, les gros mots, les mauvaises plaisanteries, les clabau-deries, la propension de singer les autres et de leur donner des sobriquets. Comme l'enfant arrive ordinairement dans l'école avec une bonne provi-sion de ces défauts, l'instituteur ne souffrira pas qu'ils se manifestent en sa présence; il les répri-mera avec sévérité; il en démontrera le ridicule, l'indécence et les résultats funestes; il leur citera des exemples à l'appui de ses exhortations; il les éclairera principalement sur ce qui est digne d'être imité, et donnera des éloges à ceux qui profitent de ses conseils.

42. La *liberté*. L'homme est né pour la liberté; mais si l'on prétend maintenir l'état social, elle doit nécessairement connaître des limites. Arrivé à l'âge de raison, et soumis aux règles de la sagesse

par une bonne éducation, on reconnaît ordinairement ces limites, sans pourtant les respecter toujours. Mais l'enfant n'en a aucune idée; la moindre
restriction le gêne, et il ne connaît pas de plus grand
bonheur que de désobéir à ceux qui lui comman-
dent. Au fond il n'agit que par un sentiment con-
fus du droit imprescriptible qu'il a d'être libre
comme homme, mais de fait il est en chemin de
s'égarer et de se rendre malheureux. L'instituteur
s'efforcera donc de convaincre ses élèves, que la
loi, l'ordre et l'obéissance sont une nécessité sociale; qu'ils ne sont pas un joug odieux, mais un
véritable bienfait. Il tempérera par sa douceur la
rigidité des réglemens, et laissera un libre essor à
la volonté de l'enfant, toutes les fois qu'il ne pourra
pas facilement en abuser. Jamais, pour discipliner
ses élèves, le maître ne cherchera à étouffer leur
amour de la liberté. Bien dirigé, le penchant de la
liberté fait de l'homme un être moral, qui agit par
conviction et non pas par contrainte.

43. *L'amour des hommes et de la patrie.* La Providence en a gratifié le cœur humain pour servir de
contrepoids à l'égoïsme et pour conserver la société.
Il rend capable des plus grands sacrifices, en faveur
des individus et des masses : sacrifices de temps, d'argent, de santé, de sentiment, de volonté et même de
la vie. Quelle noble mission pour un digne instituteur, que d'avoir à développer ce penchant admi-
rable dans le cœur de ses élèves! Et cette mission
n'est p s difficile. L'homme est né pour aimer son
semblable. Cependant il est accessible à la haine, à

l'envie, à la jalousie, à l'ingratitude. Il préfère son intérêt à celui des autres, ou s'il n'est pas dominé exclusivement par ces funestes passions, il concentre son affection sur les siens et sur le pays qui l'a vu naître. Sans doute il est digne d'éloge, celui qui aime les auteurs de ses jours, ses parens et ses amis, qui s'attache aux intérêts de sa patrie; mais pour cela il ne fermera pas son cœur à ses compatriotes et aux nations étrangères. Il aimera tous les hommes et tous les peuples; il rendra justice aux uns et aux autres, en reportant toutefois ses premiers sentimens sur ceux qui le touchent de plus près et sur son propre pays, sur ce sol sacré de la patrie qui le nourrit et qui doit recevoir ses cendres. L'instituteur affermira ces sentimens dans le cœur des élèves, en développant la loi d'amour annoncée par le Christ, et en leur proposant l'exemple de celui qui est mort par amour. Il signalera les dangers d'une philan-thropie mal entendue et d'un cosmopolitisme absolu.

SECONDE PARTIE.

DE L'INSTRUCTION.

CHAPITRE PREMIER.

Des formes générales et des parties de l'instruction.

1. L'instruction, fournissant les matériaux indispensables au développement des diverses facultés de l'homme, est une portion essentielle de l'éducation. Il importe, par conséquent, de connaître ses principales formes et les parties dont elle se compose.

2. L'enseignement est *individuel* ou *simultané*, et on y procède par *analyse* ou par *synthèse*.

3. La méthode individuelle, universellement condamnée, ne mérite pas qu'on s'y arrête.

4. La *méthode simultanée* occupe tous les élèves à la fois, tantôt par l'instituteur seul, tantôt par un certain nombre d'écoliers sous la surveillance et la direction du maître.

5. Le dernier procédé, connu sous le nom d'*enseignement mutuel*, est très en faveur et a produit des résultats étonnans dans les écoles où le nombre des élèves est très-considérable. On conviendra, néanmoins, qu'étant donné par les élèves eux-mêmes, il sera purement mécanique et ne pourra contribuer que faiblement à la culture intellectuelle de la jeunesse.

6. Il serait à désirer, par conséquent, qu'il ne fût employé que pour enseigner les élémens de la lec-

3

ture, de l'écriture et du calcul, où un certain mécanisme est de rigueur ; mais que plus tard on se
servît de la méthode simultanée pure, où le maître
seul occupe les élèves. Dans les écoles extraordi-
nairement peuplées, le maître, en conservant, par
nécessité, l'enseignement mutuel pour toutes les
classes, fera lui-même des répétitions générales, et
stimulera les facultés des enfans par des exercices,
seuls capables de répandre l'esprit qui vivifie l'enseignement.

7. Dans les classes où l'on se sert de la méthode
simultanée pure, l'instituteur fera bien de charger
des écoliers très-avancés de surveiller et d'instruire
les novices qui ne sont pas encore au courant des
leçons. Il gagnera ainsi un temps infini pour l'enseignement général.

8. En tout cas l'instituteur ne s'imaginera jamais
que le succès de son enseignement dépend de l'observation rigoureuse d'une méthode quelconque.
Une méthode peut être excellente pour telle loca-
lité, et l'être moins pour une autre. Une méthode
ancienne peut s'enrichir en prenant d'une méthode
nouvelle, et réciproquement. Ce qu'on appelle vul-
gairement méthode n'est, pour l'ordinaire, que le
procédé particulier d'un maître, dont on ne se
servira avec fruit que lorsqu'on aura saisi l'esprit
de son inventeur, ce qui arrive rarement. On fera
bien, par conséquent, d'examiner les nouvelles
méthodes, de les réduire à leur plus simple expression, et, si quelque chose survit à cet examen, de
s'identifier avec son esprit avant d'en faire usage.

De cette manière chaque instituteur capable se créera une méthode à lui, dont il connaîtra les ressorts et qui produira de bons effets.

9. Lorsqu'une fois l'instituteur s'est fait une méthode, il s'agit de savoir s'il procèdera par l'*analyse* ou par la *synthèse*, c'est-à-dire s'il instruira ses élèves en les questionnant sur les différentes branches de l'enseignement, en les mettant sur les voies de trouver par eux-mêmes les résultats, ou s'il exposera simplement les principes et les choses. Il paraît évident que l'analyse est préférable à la synthèse, et qu'il ne faut jamais s'en départir. Cependant la synthèse a aussi des avantages, et la sagesse consiste à les découvrir. Il y a des parties de l'enseignement qui ont besoin d'être clairement exposées par le maître; il y en a d'autres dont l'enfant n'aura une idée précise qu'après les avoir envisagées sous tous les points de vue, qu'après les avoir analysées. Un bon maître se servira donc alternativement de l'analyse et de la synthèse.

10. Les méthodes et les procédés dont on vient de donner un aperçu succinct, peuvent être appliqués aux différentes branches de l'enseignement, qui sont ou *nécessaires* ou *accessoires*.

11. Les connaissances nécessaires sont : la *lecture*, l'*écriture*, la *langue maternelle*, l'*arithmétique*, la *religion* et le *chant*.

12. On entend par connaissances accessoires, celles qui ont pour objet de donner au peuple une idée des productions et des phénomènes de la nature, de l'organisation du globe terrestre et de la

voûte céleste qui l'entoure, des hommes qui l'ha-bitent, des arts et métiers qu'on y professe, des règles qu'on y observe dans l'intérêt de la vie sociale. Ce sont, par conséquent, l'*histoire naturelle*, la *physique*, la *technologie*, la *géographie*, l'*astronomie*, l'*histoire* et la *législation*, auxquelles il faut ajouter le *dessin linéaire*.

CHAPITRE II.

De la lecture.

1. On s'est beaucoup disputé pour savoir s'il fallait apprendre à lire aux enfans avant de les avoir habitués à penser. Si l'on avait réfléchi que les leçons de lecture concourent elles-mêmes au développement des facultés intellectuelles, cette question n'aurait jamais été soulevée. Au reste la simultanéité des exercices est une nécessité dans les établissemens d'instruction où l'on termine ses études à quatorze ans.

2. Il paraît donc utile d'enseigner l'art de la lecture aux enfans dès leur entrée dans l'école, mais en s'y prenant tout d'abord d'une manière rationnelle.

3. Les méthodes pour faire apprendre à lire sont assez nombreuses. L'instituteur rejettera celles d'entre ces méthodes qui, n'étant pas graduées et purement mécaniques, fatigueraient les enfans. Il ne se décidera pas précisément pour la plus expéditive, mais il se servira de celle dont, après un examen approfondi, il aura saisi l'esprit, parce que ce sera celle qu'il professera le mieux.

4. Les méthodes de lecture concernent les *lettres*

et les *mots*. Ce qui va être dit, laisse quelque lati-
tude au choix du maître, et ne doit pas le prévenir
contre les méthodes dont il ne sera pas fait mention.
Les dimensions de ce traité ne permettant pas de
tout dire sur ce sujet, on s'est arrêté aux méthodes
les plus universellement répandues dans les bonnes
écoles.

5. L'usage de faire apprendre d'abord aux enfans
les petites et les grandes lettres par ordre alphabé-
tique, de continuer par l'a-bé-ab, et de passer ensuite à la lecture de l'oraison dominicale, de quelques prières, du catéchisme, etc., est jugé.

6. Mieux vaut, sans doute, diviser les lettres en
catégories, suivant la nature des lignes dont elles
se composent. Par exemple :

1.° Lettres qui commencent avec une petite ligne
droite.

i, r, t, u, n, m, v, w, y, x, z.

2.° Lettres qui commencent avec une ligne droite
plus longue.

l, f, k, b, h, p.

3.° Lettres qui commencent avec une ligne courbe.

c, e, o, a, d, g, q, s.

Un procédé semblable peut être employé pour
les grandes lettres :

1.° Lettres composées de lignes droites.

I, H, L, T, K, A, V, W, Y, F, E, N, M.

2.° Lettres composées de lignes courbes.

C, G, O, Q, U, S.

3.° Lettres composées de lignes droites et courbes.

D, P, B, R.

Pour gagner du temps, on placera les petites lettres, que l'enfant connaît déjà, au-dessous des grandes.

7. Si l'instituteur imite bien les caractères imprimés, il inscrira sur un tableau noir les lettres qu'il se propose de faire apprendre aux élèves. Cela vaudra mieux qu'un tableau imprimé, parce qu'on pourra montrer la génération des lettres : faire d'un *r* un *n*, d'un *n* un *m*, et ainsi de suite. Pendant cet exercice, les enfans ont, devant eux, des livres ou des lettres détachées, collées sur du carton ; ils sont obligés de chercher la lettre inscrite, de la nommer et de dire ce qui distingue les différentes lettres entre elles.

8. Deux, au plus trois lettres nouvelles, en y ajoutant la répétition de celles qui ont déjà été apprises, sont tout ce qu'un enfant peut apprendre par jour.

9. Pendant que les enfans apprennent à connaître de cette manière l'alphabet, *dont ils sauront l'ordre plus tard*, on les accoutumera à nommer des séries de lettres et à épeler de mémoire des syllabes faciles. Plus ces syllabes auront d'analogie entre elles, moins l'écolier aura de peine à comprendre l'emploi des lettres dans les mots, moins il aura de difficulté à épeler les premiers numéros de bons tableaux de lecture, et des syllabes composées de diphthongues ou de doubles syllabes.

10. L'enfant apprendra de bonne heure à composer et à décomposer les syllabes, à remarquer les changemens de prononciation nécessités par des additions ou des soustractions de lettres, à discerner

les voyelles des consonnes, à compter les syllabes
d'un mot [1], à épeler du livre, à suivre du doigt et
des yeux ce qu'un de ses camarades lit à haute voix.

11. D'après une autre méthode les enfans apprennent à connaître les *voyelles* avant les *consonnes*,
du moins les voyelles simples.

12. Lorsque l'élève connaît les voyelles, il doit
les lier avec les consonnes, dont on lui montre
deux nouvelles au plus par leçon.

13. Au lieu de débuter par les lettres les plus
simples de forme, on choisit d'abord celles qui
se lient le plus naturellement avec les voyelles,
par exemple, *l*, *m*, *n*, *r*, *s*, *f*, *v*, *w*, et on a soin
de les placer tantôt avant tantôt après les voyelles.
Puis, et avant que l'élève sache toutes les consonnes,
on lui fait former des syllabes de trois, au plus de
quatre lettres. Plus tard cette méthode ne diffère en
rien de la précédente.

14. On reproche aux deux méthodes dont on
vient de parler, la prononciation des consonnes
avec leurs voyelles propres, et l'usage de faire
épeler. Il est certain que dans les commencemens
l'enfant sera embarrassé de prononcer les lettres
dans les mots, et qu'il voudra toujours épeler en
sachant déjà lire. On parera néanmoins à cet in-
convénient, en lui disant comment les lettres et les
diphthongues se prononcent, dans la règle, lors-

---

1 Il paraît inutile de faire répéter les syllabes des grands
mots, surtout quand on est parvenu à fixer l'attention des
élèves.

qu'ils sont réunis en mots [1], et en ne souffrant plus qu'il épelle lorsqu'il peut lire.

15. Au reste, s'il est vrai qu'en épelant on avance lentement, il est vrai aussi qu'on apprend à lire, par ce procédé, avec justesse, qu'on se familiarise avec la composition des mots, et qu'on fait un cours préliminaire d'orthographe.

16. Ces avantages ont été contestés à une troisième méthode qui proscrit l'*épellation*, et qui consiste à faire connaître d'abord à l'enfant les voyelles et les diphthongues, à passer ensuite aux consonnes sans les prononcer avec la voyelle qui les suit ou les précède.

17. Parvenu à la connaissance des lettres de l'alphabet, l'enfant lira, sans peine, des monosyllabes et bientôt des mots de toute espèce, soit dans des livres, soit sur des tableaux qui, faute de mieux, seront ceux dont on se sert pour les autres méthodes.

18. Cette méthode paraît mériter la préférence sur toutes les autres par son extrême simplicité, d'autant plus que les défauts qu'on lui reproche n'existent pas en réalité. Car de ce qu'elle ne permet pas de prononcer les consonnes avec leurs voyelles propres, il ne s'ensuit pas que les enfans ne sauront pas analyser les mots. Or, toute méthode qui permet d'analyser les mots, apprend à lire avec justesse et prépare les voies à l'orthographe.

19. Quelle que soit au reste la méthode dont on

---

[1] L'usage ou la grammaire le mettra au fait des exceptions.

se serve pour enseigner l'art de la lecture, les enfans ne liront couramment que par suite de longs
exercices. Ces exercices auront lieu par classes et
dans le même livre. L'un des élèves lit à haute voix,
les autres font attention à ce qui est lu. Afin que
cette attention ne se ralentisse pas, l'instituteur fait
lire tantôt l'un tantôt l'autre des écoliers, sans suivre
l'ordre des places, et de manière que chacun puisse
s'attendre à être nommé d'un instant à l'autre.

20. L'instituteur aura soin de faire lire tous les
élèves de la classe dans chaque leçon, ce qui est
difficile quand la classe est nombreuse. Voilà pourquoi on a imaginé de faire lire les enfans simulta-
nément.

21. Ce procédé gâte leur prononciation. Les enfans ne liront bien qu'en lisant les uns après les
autres ; car alors seulement on peut les faire prononcer exactement les moindres mots, les rendre
attentifs à la ponctuation et au ton, qu'ils finissent
par saisir, en entendant lire le maître et leurs camarades des classes supérieures, en variant les sujets de lecture et en comprenant ce qu'ils lisent.

22. Sous ce dernier rapport on ne saurait assez
répéter que les syllabaires et autres livres de lecture
doivent être à la portée de l'intelligence de ceux
qui s'en servent. L'enfant qui ne comprend point ce
qu'il lit, ne fait pas attention, ou s'il cherche à comprendre, il se met à deviner le sens des phrases au
lieu de lire les mots.

23. Sous plus d'un rapport il est utile d'enseigner,
dans les classes supérieures des écoles primaires, à

lire le latin, des manuscrits et des écritures difficiles.

24. Les leçons de lecture peuvent devenir extra-
ordinairement utiles, sous le rapport de l'instruction
et de l'éducation, si les livres qu'on met entre les
mains des élèves sont bien-faits, et si l'instituteur
exerce les facultés des enfans par des questions fréquentes.

CHAPITRE III.

De l'écriture.

1. La difficulté de se procurer les matériaux pour
écrire, est aujourd'hui l'unique excuse des parens
qui ne veulent pas que leurs enfans apprennent
l'écriture; car on est généralement convaincu de
ses immenses avantages dans les rapports sociaux.

2. L'instituteur usera, par conséquent, de toute
son influence pour engager les parens à permettre
que leurs enfans participent aux leçons d'écriture,
et pour procurer des matériaux aux pauvres.

3. Ces matériaux ne sont pas nécessairement des
plumes et du papier, on peut faire écrire avec des
crayons sur des ardoises, pourvu qu'on ne s'arrête
pas trop long-temps à cette manière, qui ne permet
pas de varier la grosseur des traits.

4. Dans les écoles où l'on ne se sert pas d'ardoises et seulement de papier, l'instituteur n'écrira
pas les lettres avec du crayon, dans le but de les
faire couvrir d'encre par ses élèves; ce serait le
moyen de leur donner une main mal assurée. En
tout cas, il est à désirer que les leçons d'écriture

ne commencent, que quand la main de l'enfant est fortifiée par l'âge, et quand il sait lire. [1]

5. On débute par les traits déliés et de jambage; on continue par les lettres dans l'ordre généalogique. Dès que l'enfant sait écrire quelques lettres, on les lui fait lier entre elles. En suivant cette marche, on parvient facilement à lui faire écrire des mots, des phrases et tout ce qu'on voudra.

6. Dans les commencemens on aura soin de faire écrire entre deux lignes, pour que les lettres aient la même hauteur. Plus tard on ne permettra qu'une seule ligne, qu'on finira également par supprimer. Les élèves apprendront bientôt à s'en passer.

7. Quand les élèves sauront écrire des mots, ils se serviront de modèles écrits de la main du maître ou lithographiés. Jusqu'à cette époque, l'instituteur inscrira au tableau, et en présence des élèves, tout ce que ces derniers devront écrire dans leurs cahiers ou sur leurs ardoises.

8. Pour modèles d'écriture on choisit d'abord des mots difficiles ou peu familiers; puis des maximes, des sujets d'histoire, de géographie et autres; des lettres, des quittances, des obligations, des inventaires, des comptes de différentes espèces et dans les formes usitées.

9. Les élèves des classes inférieures n'écriront

---

1. Si l'écriture ressemblait davantage aux caractères imprimés, on pourrait faire écrire avant d'enseigner la lecture, ou plutôt on apprendrait à lire en écrivant. Mais dans l'état actuel des choses, le procédé que nous avons indiqué paraît être le meilleur.

rien qu'ils n'aient lu auparavant, et, aussitôt que possible, on leur fera mettre au bas de chaque page leurs nom et prénoms, le nom de l'endroit où ils résident, et la date du jour où ils écrivent.

10. Le but des leçons d'écriture dans les écoles n'est pas de former des calligraphes, mais de donner aux élèves une écriture agréable et symétrique. L'instituteur ne s'arrêtera donc pas à de prétendus ornemens, qui sont pour l'ordinaire de mauvais goût.

11. Par contre il surveillera strictement la position des élèves, leur manière de tenir la plume et de soigner les cahiers.

12. Cette surveillance n'est pas sans difficultés dans la méthode simultanée pure, parce qu'ordinairement on fait lire une partie des élèves pendant que les autres écrivent. Elle n'est pourtant pas impossible; car, tout en suivant la lecture, l'instituteur peut jeter un coup d'œil sur ceux qui écrivent, et donner des conseils à ceux qui en ont besoin. Au reste, rien ne l'empêche de choisir, parmi ses meilleurs écoliers, des moniteurs pour les classes qui écrivent, en se réservant toutefois la surveillance générale et la correction définitive des fautes, soit pendant, soit après la leçon.

CHAPITRE IV.

De la langue maternelle.

1. C'est une vérité incontestable que la langue française a besoin d'être plus universellement répandue en France, car le peuple se sert habituellement du patois, qui varie d'un département, et même d'un canton à l'autre. Très-souvent les paysans ne savent que le patois, et ne comprennent pas mieux le bon langage français que le grec ou le latin.

2. On peut donc affirmer jusqu'à un certain point que la langue française n'est pas encore nationale en France.

3. Il importe cependant qu'elle le devienne, car le patois n'est pas une langue faite, et il le serait qu'il faudrait le faire disparaître pour rattacher tous les citoyens aux intérêts communs de la patrie, qui ne sont jamais mieux compris que quand il y a unité de langage.

4. L'instituteur regardera donc la langue française, et non pas le patois, comme la véritable langue maternelle des élèves, et il ne permettra pas qu'on se serve d'un autre idiome dans son école. [1]

5. La langue maternelle, c'est-à-dire la française, sera seule enseignée dans les écoles primaires, excepté sur les frontières, où l'enseignement de l'*alle-*

---

[1] La stricte observation de cette règle fera disparaître le patois de toutes les contrées de la France, surtout si le Gouvernement exécute son projet de rendre l'instruction universelle.

mand, de l'*anglais*, de l'*espagnol* et de l'*italien* [1] peut être utile ou nécessaire.

6. L'enseignement de la langue maternelle est la partie la plus essentielle de l'éducation populaire, parce que le langage est, pour ainsi dire, le seul moyen d'établir des rapports entre les hommes, par conséquent entre l'instituteur et les élèves, et parce que ces rapports ne seront réellement avantageux que si le langage exprime nettement les idées, que s'il est *pur.*

7. La *pureté du langage* et la propriété des termes seront donc le principal objet de la sollicitude d'un bon instituteur.

8. Dans ce but il donnera des soins particuliers à la *prononciation* et à la *diction*, à l'*orthographe*, à la *grammaire* et à la *composition.* Aucun de ces objets de l'enseignement ne pourra être négligé dans une école bien organisée, et on n'admettra des exceptions que pour le degré de développement qu'il convient de leur donner.

9. La *prononciation* et la *diction.* Dès leur entrée à l'école il faut habituer les enfans à prononcer distinctement les mots et à prendre le bon accent; soit dans les réponses qu'ils devront faire, soit dans les exercices de lecture. On ne leur passera pas la moindre négligence sous ce rapport.

10. On fera répéter aux plus jeunes, ce que le maître aura dit, et on engagera les plus forts à ré-

---

1 L'enseignement de ces langues étrangères sera surtout pratique, à cause de l'usage qu'on se propose d'en faire.

sumer les leçons en phrases bien construites. Plus tard on accoutumera les élèves à faire, de vive voix, des récits historiques et autres.

11. Les moindres fautes commises dans ces répétitions, ces résumés et ces récits, seront rectifiées, autant que possible, par les élèves eux-mêmes.

12. Le maître reprendra les élèves sur les fautes de langue commises, en sa présence, hors des leçons.

13. Il n'insistera pourtant pas sur des expressions trop choisies, ou sur des phrases trop élégantes. Les enfans pourraient en faire une application mal-adroite et se couvrir de ridicule. La précision, la correction et la convenance du langage sont tout ce qu'il faut aux gens du peuple.

14. *L'orthographe.* L'enfant habitué à parler correctement aura un beau commencement d'orthographe. Comme, cependant, on n'écrit pas toujours de la manière dont on parle, l'orthographe ne s'apprend que par une suite d'exercices gradués.

15. On fera épeler les élèves de mémoire; on inscrira sur le tableau des mots et des phrases en y mettant, à dessein, des fautes que les élèves devront corriger; on leur fera copier, avec une extrême exactitude, des morceaux plus ou moins étendus d'un livre classique.

16. Les exercices pourront être entremêlés des règles générales de l'orthographe, qui seront suivies, pour les classes supérieures, des règles spéciales.

17. L'instituteur dictera aux élèves des mots difficiles, des phrases et des thèmes sur divers sujets, suivant leur capacité.

18. Ces dictées seront en rapport avec les diffé-rentes branches de l'éducation et de l'enseignement; elles pourront s'occuper des règles même de l'orthographe, surtout de la ponctuation, qui est d'une importance majeure.

19. Les dictées ne seront pas corrigées indivi-duellement aux élèves. L'un d'entre eux, à tour de rôle, épelle les mots dictés, les autres suivent et cor-rigent à mesure qu'on épelle. Ou bien le maître écrit sa dictée sur le tableau, et les enfans corrigent leur travail sur le modèle qu'ils ont sous les yeux.

20. La *grammaire*. Si l'on écrivait comme on parle, le peuple pourrait peut-être se passer de la grammaire. Mais comme cela n'est et ne sera jamais dans nos usages [1], on enseignera la grammaire par-tout où l'on tient à un style correct, c'est-à-dire dans toutes les écoles, suivant le degré de leur im-portance.

21. Ce serait perdre inutilement un temps pré-cieux, que de vouloir donner dans les écoles pri-maires un cours complet de grammaire.

22. L'enseignement grammatical n'ayant d'autre but que d'apprendre à écrire correctement, il sera adapté aux besoins de la majorité des élèves, et dé-terminé par le degré de l'école.

23. Les parties du discours, l'étymologie des mots, les verbes réguliers et irréguliers, les régimes et la construction des phrases : voilà ce que le peuple

---

1. On a essayé, mais en vain, de faire écrire comme on parle.

apprendra, avec plus ou moins d'étendue, dans les écoles primaires.

24. Quoiqu'on suive dans cet enseignement une marche systématique, et qu'on lui consacre des leçons spéciales, l'instituteur rendra attentif aux règles de la grammaire pendant les exercices de lecture, d'orthographe et autres.

25. La *composition*. L'homme ne connaît sa langue qu'à moitié, et est gêné dans une foule de circonstances, s'il ne sait pas écrire ce qu'il pense. Les exercices de composition sont donc le complément de la connaissance d'une langue, et par cette raison ils ne manqueront pas dans une bonne école.

26. Ils ne seront pas de la même force pour toutes les écoles, et jamais ils n'iront se perdre dans les régions de la rhétorique. Les compositions dont il s'agit ici, n'ont d'autre but que d'apprendre aux gens du peuple à exprimer convenablement leurs idées, à les présenter avec suite et vérité.

27. Avant donc de commencer les exercices de composition, il faut absolument que les élèves aient des notions et des idées, qu'ils sachent écrire couramment, qu'ils parlent bien, qu'ils possèdent les principales règles de l'orthographe et de la grammaire. Les compositions seront réservées pour les classes supérieures, où elles remplaceront, du moins en partie, les dictées.

28. On aurait tort, cependant, de retarder trop long-temps les exercices de composition. L'élève capable de s'énoncer verbalement sur un objet quelconque, doit aussi le faire par écrit. Pourvu qu'on

4

s'y prenne bien, on pourra s'occuper de la composition plus tôt que le paragraphe précédent ne semble l'indiquer.

29. Les sujets de composition seront tirés de la sphère d'idées de l'enfant, et adaptés au degré de son développement intellectuel; ils auront rapport avec ses besoins présens ou futurs, et ne toucheront jamais à des objets dont il n'est pas probable qu'il s'occupera plus tard.

30. Il écrira une suite de mots de la même espèce, joindra des substantifs à des adjectifs ou à des verbes et réciproquement, répondra à des questions, résumera des leçons, rédigera des descriptions, des histoires, des lettres, des rapports, le tout proportionné au degré de connaissances qu'il aura acquises. On insiste particulièrement sur les lettres et les rapports qui sont d'une utilité évidente pour les relations sociales.

31. Les plus faibles sont mis sur la voie. On leur dit à peu près ce qu'ils auront à écrire. Plus tard on se contente d'indiquer aux élèves les idées principales du sujet qu'ils auront à traiter, et, enfin, on se borne au simple énoncé du sujet.

32. Les compositions devront être corrigées en présence des enfans. Si ces corrections prenaient trop de temps, il faudrait en corriger au moins quelques-unes dans l'école et demander l'avis des élèves sur les fautes qui s'y trouvent. Le reste des compositions sera corrigé par l'instituteur après les leçons. Toutes les compositions seront copiées par leurs auteurs.

33. Les compositions écrites dans l'école enlèvent un temps précieux. On recommande, par conséquent, à l'instituteur de les faire rédiger après les leçons toutes les fois que les localités ne s'y opposent pas. Si les élèves qui ne peuvent pas travailler chez leurs parens sont peu nombreux, l'instituteur, plutôt que de déroger à son principe, leur permettra de travailler dans la salle d'école, où il les inspectera de temps en temps.

CHAPITRE V.
De l'arithmétique.

1. Le calcul purement mécanique n'est pas d'une grande utilité ; on en oublie très-vite les règles, et il ne donne aucun aliment à la pensée. L'arithmétique raisonnée, au contraire, exerce les facultés intellectuelles, et ne sort pas facilement de la mémoire. Il paraît donc utile de n'employer dans les écoles primaires que l'arithmétique raisonnée.

2. L'objection que les enfans ne comprennent pas les raisonnemens n'est pas fondée. Car, d'un côté, il n'est pas question de raisonnemens scientifiques, et, de l'autre, une marche progressive n'est nulle part si facile à observer qu'en arithmétique.

3. Conséquemment l'instituteur accompagnera tous les exercices sur les nombres des motifs qui en ont déterminé les règles ; il mettra ces motifs à la portée des élèves, et ne passera outre que lorsqu'ils les auront parfaitement compris. Il atteindra ce but en interrogeant et en faisant rendre compte des opérations.

4. Ce procédé devra être suivi pour le *calcul de mémoire* comme pour le *calcul écrit.*

5. Le calcul de mémoire fixe l'attention, exerce le jugement, pousse à une rivalité utile, et est d'un grand secours dans la vie pratique. Le calcul écrit, qui a les mêmes avantages, donne des résultats plus certains, et s'applique à des cas plus nombreux et plus compliqués. On enseignera alternativement l'un et l'autre dans les écoles, en accordant néanmoins la priorité au calcul de mémoire.

6. Le *calcul de mémoire* devant précéder le calcul écrit, on fait d'abord compter les enfans en sens progressif et rétrograde, en sautant une, deux ou plusieurs unités; puis on leur explique, avec des jetons ou de toute autre manière, le système des unités et des dizaines; l'addition et la soustraction. De là on passe au livret (table de Pythagore), qu'il importe de savoir dans la perfection. Pour faciliter ce travail, on fait trouver les produits sur les tableaux de calcul intuitif généralement connus, et, pour le rendre moins aride, on compose des exemples sur les quatre règles avec des nombres concrets. Une fois que l'enfant sait le livret, il s'en servira utilement pour résoudre de mémoire les problèmes les plus faciles des quatre règles. Il est même possible de lui donner une idée générale de la fraction et des proportions avant qu'il connaisse un chiffre, au moyen de bâtons ou de carrés divisés en plusieurs parties.

7. L'enfant préparé de cette manière, et même plus tôt si les circonstances l'exigent, passe au *cal-*

cul écrit, sans néanmoins interrompre le calcul de mémoire, qu'il continuera jusqu'à la fin de son temps d'école.

8. Ici on donne des notions plus précises, des nombres plus grands et des opérations plus compliquées.

9. On s'efforce de procurer à l'élève une idée exacte de l'unité, du nombre et de la numération ; on passe ensuite aux quatre règles, dont on démontre le mécanisme, et dont on fait analyser les parties. Les fractions décimales se rattachent naturellement à ces exercices, et le succès de leur démonstration dépendra des idées de l'enfant sur la numération. Les fractions vulgaires présentent plus de difficultés. Elles ne sont pourtant pas insurmontables si l'élève connaît les motifs de la division et le rapport du numérateur au dénominateur, c'est-à-dire s'il a une idée exacte de la fraction. Au fait des fractions vulgaires, par une suite de raisonnemens simples et intuitifs, il pourra apprendre les nombres complexes [1] qui, au fond, ne sont que des nombres fractionnaires, et les proportions ou la comparaison de deux fractions égales entre elles. La règle de trois et les règles qui en dépendent sont bientôt apprises et expliquées lorsqu'on sait les proportions.

---

1. Les fractions vulgaires et les nombres complexes seront bientôt hors d'usage en France, et n'auront par conséquent plus besoin d'être enseignés. Comme néanmoins on s'en sert encore dans certains endroits, il a paru convenable de ne pas les passer sous silence.

10. Pour ne pas décourager les élèves, on aura soin de leur donner d'abord des exemples faciles et d'y employer des nombres concrets, qui font mieux comprendre les règles que les nombres abstraits; et qui peuvent avoir l'avantage de familiariser les enfans avec le prix des denrées. Sous ce dernier rapport il est utile de faire connaître de bonne heure les poids et mesures, surtout le système métrique.

11. L'instituteur ne posera les exemples que quand les élèves auront fait des efforts infructueux pour les poser eux-mêmes.

12. Il ne s'arrêtera pas trop long-temps à la même règle; car on peut y perfectionner l'élève en la liant à une règle subséquente, par exemple, l'addition à la soustraction et à la multiplication, la soustraction et la multiplication à la division, la division aux fractions, et ainsi de suite. Avant de passer à une nouvelle règle, il est bon de faire, au moyen de problèmes, une récapitulation de toutes les règles précédentes.

13. C'est principalement par les répétitions qu'on parvient à imprimer à la mémoire et à faire mieux comprendre les différentes règles de l'arithmétique. Les instituteurs feront donc répéter souvent et surtout la numération avec les chiffres arabes et romains, le système décimal et des mesures, les motifs de la division, les principes fondamentaux des fractions et des proportions. Les élèves de diverses classes peuvent prendre part à ces exercices.

14. Comme tout calcul, quelle que soit sa simplicité, concourt au développement de l'intelligence,

si on ne le réduit pas à un pur mécanisme, il ne faut pas avoir vu absolument toute l'arithmétique pour qu'elle profite à l'esprit. Il est donc inutile de pousser le calcul beaucoup au-delà des besoins probables des enfans; mais dans tous les cas ils confectionneront des comptes communaux, de fabrique et autres. On leur enseignera également la manière d'abréger certaines opérations.

15. La correction des exemples se fait au tableau avec le concours des élèves et par l'indication du résultat exact. Les enfans auront soin de rectifier les fautes qu'ils découvriront dans leur exemple par suite de l'opération au tableau. Les écoliers des classes inférieures corrigent sous les yeux de leurs camarades plus avancés et désignés, à cet effet, par le maître.

16. Les élèves seront divisés en classes suivant leur capacité. Le maître donne des explications à l'une de ces classes, pendant que les autres sont occupées à résoudre des problèmes. S'il y a nécessité de créer un grand nombre de classes auxquelles le maître ne peut plus suffire, les moins avancées auront des moniteurs, choisis parmi les plus habiles arithméticiens de l'école.

17. Il est bon de mettre entre les mains des plus avancés parmi les élèves un petit traité d'arithmétique, imprimé ou dicté, renfermant les définitions et les raisonnemens les plus simples, et un exemple pour les différens cas de chaque règle. Avec ce traité ils pourront se rappeler en peu de temps tout ce qu'ils auront appris dans l'école.

CHAPITRE VI.

De la religion.

1. La religion est l'unique moyen d'assurer le succès de l'éducation, parce qu'elle seule comprime les passions, ennoblit les penchans, et fait concourir toutes les facultés humaines au développement moral de l'homme. Une société sans religion ne renferme que des élémens de dissolution. L'enseignement religieux est, par conséquent, celui auquel on attachera le plus de prix.

2. Plusieurs pédagogues et philosophes dont on ne saurait suspecter les intentions, ont pensé que l'enseignement religieux devait être donné aux adultes seulement, et par les gens d'église. Ils pourraient avoir raison, s'il n'y avait pas simultanéité dans la manifestation des besoins de l'ame, si les enfans n'entendaient pas parler de religion avant l'époque de leur adolescence, et si les ecclésiastiques suffisaient à la besogne.

3. Mais l'expérience prouve que le sentiment religieux est très-actif dans les jeunes cœurs, qu'il tend à se développer dans l'âge le plus tendre, et que les enfans sont les témoins habituels de conversations religieuses plus ou moins dignes de leur objet. De tout cela résulteront des impressions qu'il n'est pas permis d'abandonner au hasard, et qui nécessitent un enseignement religieux très-précoce.

4. Si maintenant il est avéré que la direction des paroisses absorbe la meilleure partie du temps

des ecclésiastiques, et que, par cette raison, ils doivent désirer d'être secondés dans l'enseignement de la religion, qui exige plus de temps qu'ils ne peuvent lui consacrer, on ne voit pas pourquoi les maîtres d'école ne concourront pas, avec les ecclésiastiques, à l'instruction religieuse de la jeunesse.

5. Reste à savoir comment ce concours aura lieu; comment l'ecclésiastique et l'instituteur se partageront les matériaux de l'enseignement religieux ? — Il est assez difficile d'établir une règle générale à cet égard, parce que l'ecclésiastique peut avoir plus ou moins de temps à lui, et l'instituteur plus ou moins de capacité. Il semble pourtant qu'en thèse générale l'ecclésiastique se réservera l'enseignement supérieur et essentiellement dogmatique, que, par conséquent, les leçons de l'instituteur ne seront que préparatoires.

6. L'instituteur n'a pas à se plaindre de ce partage, sa mission est encore assez belle. Celui qui prépare dignement la jeunesse à l'enseignement des dogmes sublimes du christianisme, lui rend un grand service.

7. L'instruction religieuse dans les écoles doit contribuer surtout à donner une direction convenable au sentiment, à fixer les idées sur Dieu et sur la vie future, à procurer un appui solide à la volonté.

8. Les qualités essentielles de l'enseignement religieux sont, par conséquent, la *clarté* et la *chaleur*. L'instituteur ne laissera rien dans le vague, et cherchera à vivifier ses entretiens. En agissant autrement

il ne formerait que des mystiques, des enthousiastes, des superstitieux, et même des incrédules.

9. La méthode de l'enseignement sera toujours bonne, si elle est graduée suivant l'âge et les capacités de ceux qui doivent en profiter, si l'instituteur se sert, à propos, de l'analyse et de la synthèse, de la catéchisation et de la narration, c'est-à-dire s'il sait discerner les cas où il importe d'interroger les élèves, de ceux où il vaut mieux leur exposer simplement les faits.

10. L'enseignement religieux proprement dit sera précédé du développement des facultés indispensables pour y prendre intérêt, de l'exposé succinct des faits de la conscience, et de la nécessité d'un guide, d'un appui, pour s'y conformer.

11. Après ces préliminaires l'instituteur, en ayant toujours égard à la capacité des élèves, parlera et interrogera sur Dieu et ses attributs, sur la création et la providence, sur l'immortalité et ses rapports avec la vie terrestre, sur la révélation et ses organes, sans entrer dans des détails fastidieux, sans employer des raisonnemens subtils.

12. Dans ce but il rendra attentif aux phénomènes de la nature, aux besoins intellectuels et moraux de l'homme, à la vanité des tendances purement matérielles, à la solidité des jouissances de l'esprit et du cœur, aux propriétés immortelles de l'ame, et au besoin d'une révélation. Il montrera cette révélation dans les saintes écritures, qui dirigeront son enseignement.

13. Des descriptions, des exemples tirés des temps

passés ou présens, des preuves psychologiques, morales et historiques sont les meilleurs moyens à employer pour conduire les enfans à Dieu, à la conviction de leur dignité morale, à la foi en l'immortalité de l'ame, à la certitude de la révélation.

14. Les descriptions seront simples et pourtant élevées; les exemples, tirés de l'histoire sacrée ou profane, de l'expérience ou de l'imagination, seront bien choisis et intéressans; les preuves seront claires et faciles à retenir.

15. L'enseignement religieux tire de grands avantages *de la lecture* et *de la mémoire*. La première procure la connaissance des faits, la seconde les retient. L'instituteur sera donc scrupuleux dans le choix des morceaux religieux qu'il se propose de faire lire ou de faire apprendre par cœur aux enfans.

16. Ces morceaux devront être aussi bien écrits que bien pensés; ils ne renfermeront rien de frivole, rien de mystique; ils seront dignes, en un mot, des grands objets qu'ils traitent.

17. La meilleure lecture est, sans contredit, celle de l'histoire sainte, de morceaux choisis de l'ancien et du nouveau Testament, de livres entiers de la Bible, surtout des évangiles. Il est utile de traiter ces lectures avec l'ensemble nécessaire pour faire comprendre la sagesse des révélations successives du Créateur, pour faire voir que, si l'ancien Testament renferme la promesse, le nouveau en contient l'accomplissement. On fera connaître également aux élèves les différens livres dont la Bible se compose, leur origine et leurs auteurs.

18. Les exercices de mémoire les plus recommandables sont des passages de la Bible, des poésies sacrées, et le catéchisme.

19. Les lectures et les récitations religieuses se feront remarquer par une extrême décence de ton, et l'instituteur s'assurera, par des questions, que les élèves en ont compris le sens et les beautés.

20. En général l'enseignement religieux ne s'accommode point de la routine. La religion n'est pas un simple fait qu'il suffise d'exposer ; elle est une force sanctifiante, au développement de laquelle tout ce qui est en dedans et au-dehors de l'homme doit concourir. L'instituteur cherchera, par conséquent, à rapporter toute chose à la religion, à rendre pratiques les idées religieuses, à entretenir le sentiment qui les nourrit.

21. Sous ce dernier rapport la prière et le culte public lui seront d'un grand secours, s'ils ont pour but de plaire à Dieu par Jésus-Christ.

22. On fera considérer comme stérile la prière qui ne part pas du cœur. Les prières récitées dans l'école, et celles qu'on fait apprendre aux élèves pour leur usage particulier, seront donc écrites de manière à exciter la sympathie et la dévotion des enfans. La prière d'école sera dite avec onction par le maître ou par un élève.

23. On représentera le culte comme un moyen de nourrir la dévotion et d'entretenir l'amour divin. Afin que les enfans y assistent avec plaisir, on leur expliquera l'origine et le but des rites et des cérémonies.

24. Pour ne pas dégoûter la jeunesse des leçons de religion, on évitera de trop les multiplier, d'y prendre un ton magistral, et d'être rigoureux pour les exercices de mémoire. La leçon de religion doit être celle où les punitions sont les plus rares, où les exhortations prennent le ton le plus paternel; ce qui n'empêchera pas d'y faire régner le silence, et d'y travailler même à des compositions.

CHAPITRE VII.
Du chant.

1. Le chant élève l'ame et touche le cœur, il est une partie intégrante du culte et un divertissement pour le peuple. Il sera donc un moyen puissant d'éducation dans toutes les écoles primaires.

2. On fera d'autant plus attention au chant qu'il est un besoin que l'homme satisfait spontanément. De cette spontanéité abandonnée à elle-même, résultent les dissonnances du chant d'église, les mauvais airs, et les principes immoraux ou futiles qui s'introduisent chez le peuple par des textes détestables.

3. Le but le plus prochain des leçons de chant dans les écoles est, d'atténuer les résultats fâcheux de la propension naturelle à l'homme de chanter, en accoutumant l'oreille aux intonations justes et harmonieuses, en adoucissant le timbre de la voix, en enrichissant la mémoire de mélodies expressives et d'airs intéressans, qui ne supportent guère des textes niais ou dissolus.

4. Pour atteindre ce but, il n'est pas nécessaire
que les écoliers deviennent des artistes. L'étude des
gammes, le solfége, un choix sévère de la musique
et du texte, voilà tout ce qu'il faut pour les leçons
de chant dans une école primaire. On parviendra,
de cette manière, à faire chanter convenablement
dans l'église, à ennoblir les idées, à toucher les
cœurs, à évincer les mauvaises chansons populaires, à réformer la morale publique.

5. Sous ce rapport il serait à désirer que l'instituteur possédât une collection de bons morceaux de
musique à deux voix; car le chant à deux voix est
aussi agréable à l'oreille qu'utile aux progrès des
élèves, lorsqu'ils ont surmonté les premières difficultés.

6. L'instituteur aura également à sa disposition
un recueil de poésies lyriques et de chants natio-
naux conformes aux règles de la morale, et respi-
rant le patriotisme le plus pur, que les élèves apprendront d'autant plus volontiers par cœur qu'ils
sauront en faire usage hors de l'école.[1]

7. Quant à la méthode à suivre pour enseigner
le chant, elle sera d'une extrême simplicité pour
les écoles primaires. Elle se réduit à faire chanter
successivement les gammes et des airs faciles qui
s'y rapportent, jusqu'à ce que l'enfant sache discerner et produire les différens tons. Puis on passe

[1] Comme les exercices de mémoire font trop souvent le
désespoir des élèves, il sera possible de les rendre moins péni-
bles par les leçons de chant.

à des morceaux de musique plus compliqués, exécutés à l'unisson. Les exercices de chant, avec le texte et à deux voix, n'auront lieu que quand les élèves auront saisi le mécanisme des tons. On leur expliquera le texte, afin qu'ils y prennent intérêt et chantent avec expression. Les tons seront marqués par des notes ou par des chiffres, au choix du maître. Les chiffres paraissent néanmoins mériter la préférence.

8. Afin de faire aimer davantage ce genre d'exercices aux élèves, on pourra, de temps en temps, ouvrir ou fermer l'école en chantant à l'unisson ou à deux voix, selon les circonstances, quelques strophes d'une poésie sacrée ou profane. Les élèves chanteront également aux fêtes scolaires, particulièrement à la distribution des prix.

CHAPITRE VIII.
Des connaissances accessoires.

1. Il n'existe pas une seule condition sociale où l'on puisse se passer d'une légère teinture des connaissances accessoires, parce que les objets dont elles s'occupent, se rattachent aux divers intérêts des hommes, et forment le sujet habituel de leurs entretiens familiers. Qui, en effet, pourrait passer sa vie sans s'informer de la structure de la terre, de ses productions, de ses rapports avec les corps célestes et des phénomènes naturels? qui pourrait rester indifférent aux peuples qui habitent le globe terrestre, à leurs relations, à leur industrie, à leur

législation et à leurs progrès intellectuels? On a beau le nier, ces choses intéressent et occupent tout le monde. On les enseignera donc aussi à tout le monde.

2. Si l'on n'avait pas négligé ce devoir, la société n'aurait point à gémir d'une surabondance d'idées fausses et superstitieuses; elle compterait moins de pauvres et de criminels; car on aurait rectifié des idées formées au hasard, et éclairé le peuple sur ses véritables intérêts.

3. Au reste, ce devoir n'a rien qui doive effrayer un instituteur, et rien qui puisse empêcher son accomplissement. Il n'est nullement question de donner aux enfans du peuple des cours complets et scientifiques d'histoire naturelle, de physique, de géographie, d'astronomie, d'histoire, de technologie, de législation; il s'agit seulement de leur fournir, sur ces parties de la science, des notions simples, mais vraies, qui en finissent avec les idées absurdes et dangereuses dont le crédit a tant de fois compromis le bonheur social et domestique.

4. Pour arriver à ce but, il n'est pas même rigoureusement nécessaire de consacrer à l'enseignement des connaissances accessoires des heures particulières. Les autres branches de l'instruction sont des cadres où elles entrent sans beaucoup de difficulté. La lecture[1], les modèles de calligraphie, les dictées, les compositions, la religion, les exercices de mémoire, le calcul même, s'y prêtent.

---

[1] Qui ne sentirait ici les avantages de bons livres de lecture à l'usage des écoles primaires?

5. On conçoit, cependant, que ce procédé ne satisferait pas à tous les besoins, et que, dans les écoles urbaines surtout, les connaissances accessoires ne sauraient se passer d'un plus ample développement. En conséquence l'instituteur de ces écoles d'un degré supérieur, tout en continuant de suivre la marche indiquée dans le paragraphe précédent, consacrera des heures spéciales à leur enseignement, et, pour ne pas trop multiplier le nombre de ces heures, il cherchera à profiter de l'affinité qui existe entre diverses connaissances accessoires, par exemple entre l'histoire naturelle, la physique et la technologie; entre la géographie et l'astronomie; entre l'histoire, la géographie et la législation. Ce sera le moyen infaillible de gagner du temps.

6. Peut-être l'instituteur rencontrera-t-il, dans sa commune, des gens peu favorables aux connaissances accessoires, qui crieront aux innovations intempestives, et ne voudront pas qu'on y consacre des heures mieux employées, selon eux, à la lecture, à l'écriture, au calcul et autres branches nécessaires de l'instruction. Leur opposition peut devenir formidable et menacer l'existence du maître, car les crieurs absurdes se font toujours écouter. Dans cette conjoncture l'instituteur s'étaiera de l'autorité de ses chefs et, plutôt que de sacrifier son devoir aux vociférations d'une coterie ignare, il ajoutera deux ou trois heures par semaine à ses leçons ordinaires et n'y admettra que les élèves de bonne volonté. Alors personne ne pourra se plaindre, et les résultats satisfaisans de ces leçons extra-

ordinaires, ramèneront les plus mutins à de meilleurs sentimens.

7. L'*histoire naturelle*. Par l'histoire naturelle on
veut communiquer au peuple des notions plus ou
moins étendues sur les trois règnes de la nature,
particulièrement sur le corps humain; sur les animaux, les plantes et les pierres exotiques qui, en
tout ou en partie, entrent dans le commerce et
l'industrie; sur les animaux, les plantes et les pierres
indigènes. Cette dernière partie recevra plus de développemens que la première.

8. Dans l'histoire naturelle de l'homme, on se
bornera aux différentes races d'hommes et à la
structure du corps, sans néanmoins entrer dans des
détails minutieux qui fourniraient matière à des
saillies indécentes ou à des réflexions intempestives
sur la génération.

9. Dans les autres parties de l'histoire naturelle
on rendra attentif à l'utilité ou aux dangers des objets dont elles se composent.

10. On peut, suivant les circonstances, traiter
l'histoire naturelle dans un ordre systématique, ou
par fragmens tirés alternativement des trois règnes
de la nature. Dans l'un et l'autre cas on se servira,
autant que possible, des termes vulgaires pour dé-
signer les objets. Les termes scientifiques, dont on
ne fait pas usage dans la vie pratique, désorientent
la jeunesse.

11. Il est facile de rattacher à l'enseignement de
l'histoire naturelle des questions d'économie, d'hygiène, de technologie, de religion et de psychologie.

12. La *physique*. Cette partie des connaissances ac-cessoires contribue à déraciner les préjugés populai-res, en ce qu'elle explique les propriétés des corps, les forces, les effets, les phénomènes de la nature. Son enseignement peut être mis à la portée de toutes les intelligences, et si on le rend pratique il offre tant d'intérêt, que les élèves le préféreront à leurs jeux.

13. L'enseignement de la physique est destiné à éclairer la jeunesse sur les causes et les effets des principaux phénomènes de la nature. Il doit pro-curer des notions plus ou moins étendues, mais toujours exactes, sur le feu, l'eau, la terre et l'air; sur la lumière et les couleurs; sur la chaleur et le froid; sur le son et les vents; sur la rosée, les brouil-lards et la gelée blanche; sur les nuages et la pluie; sur la neige, la grêle et la glace; sur l'arc-en-ciel, les aréoles autour de la lune et du soleil; sur les parélies du soleil et de la lune; sur l'eau pompée par le soleil; sur les phénomènes de l'électricité, du galvanisme et du magnétisme; sur les orages, les tempêtes, les éclairs, la foudre, les paratonnerres, les étoiles volantes, les dragons volans, les feux fol-lets, les aurores boréales, les feux de Saint-Elme, les tremblemens de terre, les volcans, etc.

14. Dans les écoles urbaines, où l'on forme de futurs artisans, il sera utile de considérer quelques-uns de ces objets dans leurs rapports avec la *chi-mie*, ou l'art de composer et de décomposer les corps. Dans toutes les écoles il est urgent d'indiquer les moyens de sauver les noyés, les asphyxiés, les em-poisonnés et d'éteindre les incendies.

15. La méthode à suivre pour cet enseignement n'est pas compliquée. L'instituteur expose les faits et les rend sensibles, autant que cela se peut, par des expériences. Il interroge souvent les élèves pour s'assurer qu'ils ont à la fois compris ses développemens, et perdu de leurs préjugés.

16. La *technologie*. Cette partie de l'enseignement scolaire, qui fait connaître les arts et métiers, se rattache essentiellement à l'histoire naturelle et à la physique, qui exercent une grande influence sur l'agriculture et l'industrie.

17. L'instituteur ne donnera à ses élèves que des idées générales sur la technologie, et ne leur en communiquera que les parties qui tiennent davantage à leur position. Dans les écoles rurales il parlera de l'agriculture et des instrumens aratoires; dans les écoles urbaines, des arts et métiers.

18. Il dira son avis sur ces choses avec réserve, pour ne pas se mettre en opposition avec les parens, qui s'imaginent, quelquefois avec raison, de les mieux savoir que lui.

19. La *géographie*. Il est assez naturel que l'homme cherche à connaître la surface du globe, le pays qu'il habite, les régions qu'il entend nommer ou qu'il se propose de parcourir, c'est-à-dire la géographie.

20. Il suffit pourtant de donner aux enfans des notions sur la grandeur, la forme et l'organisation de la terre; un aperçu général des continens, des mers et des principaux pays; une connaissance plus étendue de leur patrie et du département qu'ils ha-

bitent. L'indication des longitudes et des latitudes n'est pas plus utile, aux gens du peuple, qu'une vaste nomenclature de provinces, de villes, de fleuves, etc.

21. L'instituteur ne fera jamais une leçon de géographie sans globe terrestre ou sans carte. Il commencera par des explications sur la grandeur, sur la forme et sur l'organisation de la terre. Il parlera ensuite des grandes divisions politiques en débutant par le pays natal, auquel il reviendra toujours. Il rattachera à cet enseignement des faits d'histoire naturelle, de physique, de technologie, d'histoire et de législation. Enfin, il fera apprendre par cœur et répéter souvent les noms dont il se sert et leur définition.

22. *L'astronomie.* La géographie terrestre conduit à l'astronomie, qui a tant de rapports avec le sentiment et les besoins journaliers de l'homme, qui fait naître tant d'idées fausses ou superstitieuses qu'on ne saurait contester les avantages, la nécessité même de son enseignement.

23. Cet enseignement sera pourtant simple et populaire; s'il était scientifique les enfans n'y comprendraient rien.

24. On les familiarise d'abord avec ce qu'on appelle la sphère, puis on définit les étoiles fixes, les planètes et les comètes. De là on passe aux constellations, en se bornant néanmoins à indiquer les douze signes du zodiaque et la grande ourse. On donne également une idée de la voie lactée et des nébuleuses. Lorsque les élèves savent ces choses, ils reçoivent une idée du système solaire, du mouve-

ment des planètes et des comètes, du nombre des premières, de leur distance du soleil et de la durée de leur année. On continue par l'explication des éclipses, des saisons, et de la queue des comètes. On finit par quelques hypothèses sur le nombre des étoiles, sur leur distance prodigieuse de la terre; sur l'immensité de l'univers.

25. L'instituteur s'efforcera de dissiper la terreur qu'inspirent si souvent les comètes, ainsi que les absurdités de l'astrologie. Il ramènera la pensée des élèves à l'auteur des astres et des lois qui les régissent; en un mot, il fera en sorte que les lumières et la religion profitent des leçons d'astronomie.

26. Comme le calendrier est déterminé par le mouvement des corps célestes, l'instituteur aura soin de le faire comprendre aux élèves. Ce sera pour lui une nouvelle occasion d'attaquer les préjugés populaires.

27. *L'histoire.* Elle ramène aux temps passés, elle fait connaître les grands hommes de tous les âges, elle présente les conséquences des bonnes et des mauvaises actions, elle montre les voies de la Providence, elle met en état de juger le présent et de pressentir les événemens futurs. L'étude de l'histoire se recommande sous tous ces rapports.

28. On ne lui donnera pourtant pas dans les écoles primaires une trop grande extension, malgré l'intérêt majeur qu'elle offre à l'instituteur comme aux enfans. On se bornera à l'exposition des grandes époques, des mœurs et des inventions. On accordera un soin particulier à l'histoire nationale, dont

l'enseignement bien dirigé inspire l'amour de la patrie. On comparera souvent les temps anciens avec les temps modernes, et on rendra attentif aux progrès de la culture intellectuelle, morale et religieuse du genre humain.

29. On commence par des traits isolés, des anecdotes, des biographies; on continue par les grands événemens dans l'ordre chronologique, et on termine par un aperçu général de l'histoire des temps passés. Les traits isolés, les anecdotes, les biographies, etc., seront tirés, en majeure partie, de l'histoire nationale.

30. Les cartes géographiques sont de rigueur dans les leçons d'histoire, de même que les exercices de mémoire; car il faut que les enfans aient la connaissance des lieux où les événemens se sont passés, et qu'ils apprennent par cœur les faits capitaux avec leurs dates, autour desquels viendront ensuite se grouper, sans peine, les faits secondaires.

31. La *législation*. On a souvent mis en doute l'opportunité de porter à la connaissance du peuple la constitution et les lois qui le régissent. On a cru que ce serait multiplier les prétextes de mécontentement et de procès. Rien n'est pourtant plus mal vu; car, jusqu'ici du moins, le mécontentement et les procès ont eu pour cause l'ignorance plutôt que la connaissance de la constitution et des lois. Au reste, il serait difficile de concevoir une nation libre dont les membres ne connussent pas le régime sous lequel ils vivent. Le peuple a donc besoin, il a même droit de connaître la législation

de son pays, et c'est dans l'école qu'il doit en être instruit.

32. Ce n'est pas à dire qu'on entrera dans des détails minutieux, et qu'on occupera les élèves d'objets qui probablement n'entreront jamais dans la sphère étroite où la Providence les a placés. Il suffit de leur exposer et de leur bien définir les dispositions principales du droit public (de la Charte), les lois sur la propriété et sa transmission, sur les délits, les crimes, etc. On se gardera de critiquer ces dispositions et ces lois; on se bornera à les présenter comme obligatoires, et on rendra attentif aux conséquences de leur transgression. On dépeindra surtout, avec les plus vives couleurs, les conséquences funestes des procès, des rixes et de la rebellion. On fera comprendre aux enfans que la soumission aux lois est le premier devoir et le premier intérêt d'un bon citoyen.

33. Cette instruction, qui se rattache, en partie, à l'enseignement religieux et moral, ne sera donnée qu'à la classe supérieure, et ne manquera pas de produire des résultats heureux.

34. *Dessin linéaire.* Il apprend à faire des figures de différentes espèces avec des points et des lignes droites ou courbes.

35. Si maintenant on considère qu'il exerce le coup d'œil et le goût des enfans; qu'il les accoutume à l'ordre et à la régularité; qu'il les fortifie dans l'écriture et les prépare au dessin proprement dit; qu'il les rend capables de copier et de dresser toutes sortes de plans; qu'il fixe l'attention et perfectionne

le jugement; qu'il est un excellent moyen d'occuper tous les élèves à la fois, l'utilité du dessin linéaire pour les écoles primaires ne sera plus le sujet d'un doute.

36. On en favorisera donc l'enseignement, sans toutefois permettre qu'il devienne un amusement frivole ou une portion trop importante de l'instruction.

37. Des points, des lignes perpendiculaires, verticales, obliques, parallèles, ondoyantes et en spirale, seront l'objet des premiers exercices. Ensuite on fera faire aux enfans des angles droits, aigus et obtus, des triangles équilatéraux, isocèles et scalènes, des carrés, des parallélogrammes, des losanges et des polygones. Plus tard on les exercera à tracer des cercles, des ovales et des solides.

38. L'instituteur indiquera les noms des différentes figures, et quelques-unes de leurs propriétés.

39. Il ne permettra pas aux enfans de se servir de règles ou de compas. Toutes les figures seront tracées de main libre avec la plume ou le crayon.

40. Quand les élèves auront acquis quelque facilité dans le dessin linéaire, on les engagera à composer eux-mêmes des figures pour exercer leur imagination.

41. Le dessin linéaire étant une excellente introduction à la géométrie, dont il fait connaître les principales figures, on y joindra dans la classe supérieure les élémens de l'arpentage, ainsi que le toisé des surfaces et des solides, qui facilite l'intelligence des poids et mesures.

TROISIÈME PARTIE.

DE L'ORGANISATION INTÉRIEURE DES ÉCOLES.

1. Si les instituteurs tiennent réellement à obtenir des résultats satisfaisans de leurs efforts, il est indispensable que leurs écoles soient bien organisées; c'est-à-dire qu'il s'y trouve un mobilier suffisant, qu'on y maintienne la salubrité et la discipline, que les leçons y soient sagement distribuées. Le *mobilier*, la *salubrité*, la *discipline* et la *distribution des leçons*, seront donc les quatre points dont s'occupera, d'une manière générale, la troisième partie de ce Traité. [1]

2. Le *mobilier*[2]. Il y aura dans chaque école un tableau des principales dispositions disciplinaires; des bancs séparés pour les perturbateurs et les crasseux; un ou plusieurs tableaux noirs, auxquels on suspendra une éponge; des liteaux perpendiculaires dans le sens de la longueur de la table, auxquels on attachera un cordon pour y suspendre les modèles d'écriture; un grand compas de bois ferré, avec un porte-crayon pour y mettre de la craie; une grande

---

1 Il ne peut pas être question ici du local, qui dépend entièrement de la volonté de l'administration ou des fondateurs d'écoles; ce serait un hors-d'œuvre dans un livre qui ne s'adresse qu'aux instituteurs.

2 Les instituteurs ne sont pas assez bien rétribués pour se procurer par eux-mêmes tout ce mobilier, qui au reste est plutôt utile que rigoureusement nécessaire. Mais ils feront leur possible pour se le procurer, en s'adressant à l'autorité universitaire, aux communes et même aux particuliers.

règle et une équerre ; un mètre et des modèles d'autres mesures en bois.

3. Des tableaux de lecture et de calcul ; une collection suffisante de modèles d'écriture et d'arithmétique ; des ardoises et des crayons.

4. Un globe terrestre ou une mappemonde ; des cartes des quatre parties du monde, de France et du département où l'école est située.

5. Des gravures ou lithographies illuminées, représentant les principaux objets de l'histoire naturelle, surtout les plantes vénéneuses, l'élévation proportionnelle des plus hautes montagnes, le système solaire, le zodiaque, les éclipses, les principaux phénomènes de la nature, etc.

6. Un baromètre, un thermomètre, un électrophore, une bouteille de Leyde, un microscope, un prisme, un aimant, une boussole, etc.

7. Un registre d'inscription des élèves ; un autre pour noter le nombre de leurs absences, leurs progrès et leur conduite ; un livre ou recueil des lois, ordonnances et réglemens relatifs à l'instruction primaire. En général, on tiendra scrupuleusement tout registre ou livre exigé par l'Autorité.

8. Une partie de ces objets sera suspendue aux murs de la salle d'école ; une autre sera enfermée dans une armoire dont l'instituteur ne les tirera que pour s'en servir et les exposer aux yeux des élèves.

9. Il serait à désirer que dans les écoles rurales il y eût une provision de livres classiques, de papier et de plumes, dont le maître ferait le commerce

au moyen d'un léger bénéfice. Ce bénéfice tournerait au profit des pauvres, auxquels on fournirait gratuitement les livres, le papier et les plumes.[1]

10. La *salubrité*[2]. La salle d'école doit être balayée tous les jours[3]; l'air y sera renouvelé souvent et les fenêtres seront laissées ouvertes pendant l'intervalle des leçons, même en hiver.

11. Les enfans admis à l'école doivent produire un certificat constatant qu'ils ont été vaccinés, ou qu'ils ont eu la petite vérole naturelle, et n'être point affligés d'une maladie contagieuse de la peau.

12. Au commencement ou à la fin des leçons, l'instituteur s'assurera, par une inspection générale, que les enfans ont lavé leurs mains et leur figure.

13. Un médecin fera la visite dans l'école au moins une fois par mois, et s'assurera qu'il n'y a aucun enfant atteint de maladies contagieuses. Les élèves qui seraient dans ce cas, ne pourraient rentrer à l'école qu'après avoir obtenu un certificat du médecin constatant leur parfaite guérison.

14. L'instituteur empêchera les enfans de boire quand ils ont chaud, de manger des fruits verts ou autres alimens malsains.

15. La *discipline*. L'instituteur sera dans la salle d'école, taillera les plumes, mettra en place les livres, cahiers et modèles, avant l'arrivée des en-

1 L'encre devrait toujours être fournie par les communes ou les fondateurs des écoles.
2 On a consulté, pour les parties qui traitent de la salubrité et de la discipline, le *Guide des écoles primaires*; Paris, 1830.
3 Par les élèves à tour de rôle.

fans. Il se fera aider dans ce travail par quelques élèves des classes supérieures. Ces élèves, qui seront choisis parmi les plus sages, les plus assidus et les plus intelligens, seconderont le maître dans tous les exercices et porteront le nom de *surveillans*.

16. Les élèves saluent le maître en entrant, et prennent leurs places en silence, après avoir ôté leurs chapeaux, qu'ils ne peuvent garder sur la tête sans la permission du maître.

17. A l'heure fixée pour l'ouverture de l'école, le maître examine si tous les élèves sont arrivés, soit en faisant l'appel, soit en faisant noter les absens par le premier de chaque table. Tout élève qui, sans raison légitime, ne se rend pas à l'heure, sera puni; il en sera de même lorsqu'il aura manqué la classe.

18. Après que les élèves sont réunis, on fait la prière [1], qui est suivie, de temps en temps, d'un chant religieux ou autre. Une seconde prière est récitée à la fin de l'école.

19. Les élèves ne pourront ni causer, ni sortir de leur place, sans permission. Ils ne parleront pas patois, même pendant la récréation, et ne proféreront aucune parole grossière.

20. En général le maître s'étudiera à donner aux écoliers un extérieur décent et honnête. Ils salueront et se tiendront debout jusqu'à ce qu'on leur dise de s'asseoir quand un chef ou un étranger quelconque entrera dans la classe.

---

1 Voyez, pour la prière, le §. 22, pag. 60.

21. Nulle espèce de marché et d'échange entre les élèves ne pourra avoir lieu sans la permission de l'instituteur, qui empêchera surtout les cadeaux ou échanges entre les surveillans et les élèves.

22. On n'apportera en classe que les livres qui sont en usage dans l'école. Le maître saisira tous les objets étrangers aux leçons. Il les rendra aux élèves au sortir de l'école, ou aux parens, suivant les circonstances.

23. Les élèves ne pourront aller aux lieux d'aisance que l'un après l'autre.

24. A la sortie de l'école les élèves se diviseront suivant le quartier qu'ils habitent. Ces divisions sortiront les unes après les autres, sous la surveillance d'un élève nommé *conducteur*. Les élèves ne se sépareront qu'à mesure qu'ils arrivent chez eux.

25. Pendant les vacances d'usage les élèves feront les devoirs que l'instituteur leur aura donnés.

26. Il serait superflu d'énumérer ici les peines et les récompenses, dont la nature ne dépend pas toujours du maître, et dont l'esprit est indiqué dans le chapitre de l'éducation morale. [1]

27. La *distribution des leçons*. Les leçons durent ordinairement le matin depuis huit jusqu'à onze heures ; et le soir, depuis une jusqu'à quatre heures, en hiver du moins, c'est-à-dire six heures par jour, les dimanches, jeudis, jours de fête et vacances exceptés. Il faut donc trouver moyen d'occuper les

---

1 Voyez page 22 et suivantes.

écoliers convenablement et continuellement pendant ce temps.

28. On y parviendra par une sage distribution des leçons ou des matières de l'enseignement.

29. La distribution des leçons ne saurait être la même pour toutes les écoles. Elle dépend de la forme générale de l'enseignement et du nombre des maîtres.

30. Elle sera autre pour une école d'enseignement simultané pur que pour une école d'enseignement simultané mutuel; autre encore pour une école dirigée par un seul maître que pour une école tenue par deux instituteurs.[1]

31. Cette distinction conduit à modifier le plan d'études de chaque école, d'après le nombre des maîtres et les formes générales d'enseignement qu'ils préfèrent.

32. Afin de donner aux instituteurs une idée générale de la distribution des leçons, on trouvera à la fin de ce Manuel[2] les tableaux suivans : 1.° *Plan d'études d'une école tenue par un seul maître, d'après la forme d'enseignement simultané pur.* 2.° *Plan d'études d'une école tenue par un seul maître, d'après la forme d'enseignement simultané*

---

[1] On ne considère comme ayant deux maîtres, que les écoles où il y a deux salles et, par conséquent, deux divisions, dont l'une est dirigée par l'instituteur et l'autre par son aide. Là où l'aide soulage seulement l'instituteur, la distribution des leçons peut être la même que pour les écoles tenues par un seul maître.

[2] Les dimensions de ces plans d'études ont déterminé l'auteur de les placer à la fin du Manuel.

mutuel. 3.° *Plan d'études d'une école tenue par deux maîtres, d'après la forme d'enseignement simultané pur.* 4.° *Plan d'études d'une école tenue par deux maîtres, d'après la forme d'enseignement simultané mutuel.* [1]

33. Ces plans d'études ne répondent sans doute pas à tous les besoins. Aussi ne doivent-ils être considérés que comme des types sujets à être modifiés dans leur application.

---

[1] Il se peut que dans les écoles tenues par deux maîtres, on n'adopte pas pour chaque division la même forme d'enseignement; que par exemple dans la division inférieure on suive l'enseignement mutuel, tandis que dans la division supérieure on pratique l'enseignement simultané pur. Dans ce cas on prendra des deux derniers plans d'études-modèles, ce qui convient à chaque division.

QUATRIÈME PARTIE.

DES DEVOIRS SPÉCIAUX DES INSTITUTEURS ET DES
MOYENS DE LES ACCOMPLIR.

1. Outre les devoirs nombreux qui résultent pour
les instituteurs de ce qui a été dit, dans les trois
premières parties de ce traité, sur l'éducation, l'instruction et l'organisation intérieure des écoles, ils
en ont de spéciaux, de l'accomplissement desquels
dépend, en grande partie, le succès de leurs travaux, et qui, par leur importance autant que par
leur nature, ont besoin d'être traités séparément.

2. Ces devoirs concernent l'influence morale du
maître sur les enfans, ses rapports avec les parens
des élèves et avec les Autorités préposées à la haute
direction ou à la surveillance de l'école, les fonctions particulières qu'il exerce ordinairement comme
employé de l'église ou de la mairie, enfin sa propre
instruction. Il sera donc possible de les classer de
la manière suivante : 1.º *Devoirs du maître résultant de la nécessité d'acquérir une influence morale
très-étendue sur les élèves. 2.º Devoirs du maître
envers les parens des élèves. 3.º Devoirs du maître
envers les Autorités préposées à la haute direction
ou à la surveillance de son école. 4.º Devoirs du
maître comme employé de l'église ou de la mairie.
5.º Devoirs du maître pour sa propre instruction.*

3. *Devoirs du maître résultant de la nécessité
d'acquérir une influence morale très-étendue sur*

les élèves. Avant tout il prêchera d'exemple : son extérieur sera décent, son amour de l'ordre extrême, ses manières graves et pourtant affectueuses, ses actes toujours conformes aux règles de la discipline scolaire et de la justice.

4. Il devra être pénétré de l'importance de sa vocation, et jaloux du bien qu'il peut faire.

5. Il fera son possible pour ne jamais se tromper dans ses assertions ou dans ses leçons, et ne négligera pas de corriger les devoirs des élèves.

6. Ses convictions religieuses et morales seront profondes.

7. Jamais il ne se servira, dans son enseignement ou dans ses conversations avec les élèves, d'expressions triviales ou de bons-mots, qui puissent prêter au rire immodéré de la jeunesse.

8. Les élèves malpropres, négligens, indociles ou qui auront commis des fautes graves, devront non-seulement être punis, mais exhortés paternellement. L'instituteur ne se montrera donc jamais dur et emporté. Ses remontrances seront de nature à gagner la confiance du coupable, à lui faire reconnaître ses torts, à produire un sincère repentir. [1]

---

1. Entendons ici *Pierre Charron*, déjà cité pag. 4. Comme ce savant a vécu dans le seizième siècle, son avis sur la manière de traiter les enfans, prouvera, du moins à ceux qui tiennent à la sévérité de l'ancienne discipline scolaire, que l'éducation philanthropique n'est pas une invention des pédagogues modernes « Il faut se porter envers l'enfant, et procéder de façon non austère, rude et sévère, mais douce, riante, enjouée. Parquoi nous condamnons ici tout à part la coutume presque universelle de battre, fouetter, injurier et crier après les enfans, et les

9. Ses éloges seront simples, mesurés, vrais et toujours conçus de manière à ne pas produire l'ennui ou le découragement de ceux qui n'en sont pas l'objet.

10. L'enseignement sera clair, précis et intéressant.

11. La vie privée du maître sera irréprochable.

12. L'instituteur incapable de se soumettre à ces devoirs ou de remplir ces obligations, manquera son

---

tenir en grande crainte et sujétion, comme il se fait aux collèges. Car elle est très-inique et punissable, comme en un juge et médecin qui serait animé et ému de colère contre son criminel et patient ; préjudiciable et toute contraire au dessein que l'on a, qui est de les rendre poursuivans la vertu, sagesse, science et honnêteté. Or, cette façon impérieuse et rude leur en fait venir la haine, l'horreur et le dépit ; puis les effarouche et les entête, les abat et décourage tellement, que leur esprit n'est plus que servile, bas et esclave ; aussi sont-ils traités en esclaves. Se voyant ainsi traités, ils ne font plus rien qui vaille, maudissant et le maître et l'apprentissage. S'ils font ce qu'on requiert d'eux, c'est parce qu'on les regarde ; c'est par crainte et non gaîment et noblement, et ainsi ce n'est pas honnêtement. S'ils y ont failli, pour se sauver de la rigueur, ils ont recours aux remèdes lâches et vilaines menteries, fausses excuses, larmes de dépit, cachettes, fuites ; toutes choses pires que la faute qu'ils ont faite. — Je veux qu'on les traite librement et libéralement, en employant la raison et les douces remontrances, et leur fasse naître au cœur les affections d'honneur et de pudeur. La première leur servira d'éperon au bien : la seconde, de bride pour les retenir et les dégoûter du mal. Il y a je ne sais quoi de servile et de vilain en la rigueur et contrainte, ennemie de l'honneur et vraie liberté. Il faut tout au contraire leur grossir le cœur d'ingénuité, de franchise, d'amour, de vertu et d'honneur. » (Livre de la sagesse, pag. 590 et 591.)

but, quelle que soit d'ailleurs la mesure de ses talens. Il formera peut-être des hommes instruits, mais jamais des hommes dans la véritable acception du mot.

13. *Devoirs du maître envers les parens des élèves.* Il est d'une extrême importance que l'instituteur soit bien avec les parens de ses écoliers. S'il est mal avec eux, ils lui ôteront l'estime et l'affection de ceux qu'il doit instruire, et paralyseront, par conséquent, ses efforts.

14. Pour entretenir des rapports convenables avec les parens, il ne faut pas que sa condescendance dégénère en faiblesse; il ne faut pas non plus que sa fermeté devienne de l'entêtement.

15. L'essentiel pour lui est d'éviter les conflits fâcheux, en ne s'immisçant pas dans les affaires des familles, en ne prenant aucune part au commérage ou aux différends qui peuvent s'élever entre elles, en restant étranger aux partis dans une commune divisée, en évitant de paraître intéressé, en se modérant dans les discussions, en cédant à propos, en faisant faire des progrès aux enfans, et en les traitant avec impartialité.

16. Dans ce but (cela s'adresse particulièrement aux instituteurs des écoles rurales) il ne fréquentera pas le cabaret et ne jouera pas aux cartes. Il assistera aux repas de baptême, de noce, etc., sans avoir la prétention d'y provoquer à la gaieté ou d'y donner le ton, et il se retirera à temps. Si l'occasion se présente, il profitera de ces fêtes, pour entretenir les principaux convives des avantages d'une bonne

éducation, et pour les engager à y concourir par leurs moyens.

17. Il visitera les malades comme ami, surtout quand les malades sont ses élèves. Pendant ces visites il pourra donner d'utiles conseils qui hâteront la guérison du patient, et dont les parens lui sauront gré. Il ne se permettra, cependant, jamais de faire le médecin.

18. Il ne flattera pas le riche, et traitera le pauvre avec bienveillance.

19. Si, malgré les précautions qu'il prend, il lui arrive de se brouiller avec une ou plusieurs familles, il tendra la main à la réconciliation, et il traitera les enfans de ses adversaires comme si rien n'était arrivé.

20. Autant que possible, il suivra dans son école les anciens usages, et ne visera pas à l'originalité par des réformes trop nombreuses ou trop précipitées; car les réformes sont le principal motif de désunion entre les instituteurs et les parens. Avant de rien entreprendre de nouveau, il sondera le terrain, il s'assurera du concours de l'Autorité et des notables de la commune, afin de n'être jamais dans le cas de rétrograder, ce qui nuirait à sa considération personnelle et même à son école, en ce qu'après une défaite, de long-temps il ne pourra plus songer à y introduire les améliorations projetées.

21. Enfin, pour assurer sa bonne intelligence avec les parens de ses élèves, il faut que son épouse envisage les devoirs sociaux de la même manière que lui. Il choisira, par conséquent, une compagne

vertueuse, amie de l'ordre, de l'économie et de la concorde, bonne ménagère et capable de bien élever ses enfans.

22. *Devoirs du maître envers les Autorités préposées à la haute direction ou à la surveillance de son école.* La plupart de ces devoirs étant prescrits par les lois et ordonnances du royaume, l'instituteur s'y conformera pour éviter des désagrémens.[1]

23. Il fera plus : il s'y conformera avec bonne grâce. Il s'empressera de donner à l'Autorité tous les renseignemens qu'on pourra lui demander; il recevra bien les personnes qui ont droit de visiter son école; il fera attention à leurs observations, et s'il les juge mal fondées, il répliquera avec réserve et modestie.

24. Il soumettra à l'approbation de ses chefs le plan d'études qu'il se propose de faire suivre à ses élèves, il demandera leur avis sur les modifications qu'il voudrait lui faire éprouver. Il ne tentera aucun changement dans la forme de son enseignement, ou dans l'organisation intérieure de son école, sans s'être assuré de leur concours.

25. S'il croit avoir à se plaindre de ses chefs, il ne se permettra pas de les dénigrer, ou de soulever contre eux l'opinion publique; mais il leur fera des observations respectueuses; et, s'ils ne font pas droit à ses représentations, il s'adressera à l'Au-

---

[1] Il est tout-à-fait inutile de faire l'énumération de ces devoirs, qui peuvent changer au gré du Gouvernement et que les instituteurs sont censés connaître.

torité supérieure, en suivant la hiérarchie des pouvoirs. De cette manière il est plus sûr d'obtenir justice, que s'il se laisse aller aux inspirations de son ressentiment.

26. *Devoirs du maître comme employé de l'église ou de la mairie.* Dans la majeure partie des communes, à la campagne surtout, l'instituteur est sacristain, organiste ou chantre et secrétaire de la mairie. Il se réglera pour ces fonctions d'après les ordres de ses supérieurs ecclésiastiques ou laïques, avec lesquels il doit vivre en bonne intelligence.

27. Il ne se fera jamais remplacer comme sacristain, comme organiste ou comme chantre, sans une permission spéciale de ses chefs.

28. Comme sonneur il peut se faire remplacer, soit par un membre de sa famille, soit par des écoliers, mais toujours sous sa surveillance.

29. Un incendie pouvant éclater et le forcer à sonner le tocsin, un membre de sa famille sera toujours au logis, ou du moins, en cas d'absence, il déposera les clefs de l'église chez des personnes sûres, qui pourront le remplacer au besoin.

30. S'il est secrétaire de la mairie, il fera tout ce que son devoir ordonne; mais il ne se mêlera pas des affaires de la commune, et ne prendra parti ni pour ni contre le maire, si ce fonctionnaire avait des antagonistes.

31. Il n'acceptera pas les fonctions de secrétaire de la mairie dans une commune voisine, et il résignera même celles de secrétaire de sa propre com-

mune, si elles le forcent à passer une partie de son temps dans les auberges ou à négliger son école.

32. *Devoirs du maître pour sa propre instruction.* On a prétendu qu'on pouvait enseigner les autres, sans connaître la partie qu'on enseignait. Il se peut qu'un homme de génie, dont l'esprit est cultivé par de fortes études, donne avec succès des leçons dans une partie nouvelle pour lui, et qu'il instruise les autres en même temps qu'il apprend ; mais on se tromperait en pensant que celui dont l'esprit n'a pas été cultivé par des études solides pût en faire autant.

33. On a prétendu, d'un autre côté, que celui qui enseignait les autres avait une instruction suffisante, s'il était au fait de ce qui est rigoureusement nécessaire pour tenir sa classe. Cela serait très-vrai, si ceux qui enseignent les autres étaient des moniteurs ou des maîtres d'exercice ; mais ils sont plus que cela. Leur devoir ne se réduit pas à communiquer certaines connaissances à la jeunesse. Ils ont la mission de faire profiter leurs leçons au développement harmonique de toutes les facultés humaines ; ce qui suppose une capacité intellectuelle qu'on ne rencontre que rarement chez un homme peu instruit.

34. Si maintenant on applique ce qui vient d'être dit aux instituteurs primaires, il en résultera que, pour remplir dignement leur noble vocation, ils ne peuvent se passer de connaissances plus étendues qu'on ne le pense communément ; qu'ils doivent posséder, à fond, tout ce qui concerne leur état : les principes

d'éducation, les méthodes d'enseignement, les connaissances positives, la manière de tenir une école, etc.

35. Ils apprennent toutes ces choses dans les
écoles normales[1], qui sont les institutions les plus
utiles des temps modernes, et on les force de faire
constater leur capacité par des examens plus ou
moins rigoureux. On peut donc dire que les instituteurs primaires ne sont pas dépourvus de connaissances.

36. Cependant, au sortir de l'école normale, ces
connaissances, quelle que soit d'ailleurs leur étendue, ne sont pas classées, et celui qui les possède
ne sait pas encore trop qu'en faire; il n'y a que
l'expérience qui en puisse indiquer les rapports et
l'emploi. Mais cette expérience apprend en même
temps, que ceux qui regardent leurs études comme
terminées après qu'ils ont obtenu un brevet, reculent
au lieu de marcher en avant, qu'ils n'arrivent jamais à saisir l'enchaînement et l'usage de leurs connaissances; que cet avantage inappréciable n'est ré-
servé qu'aux instituteurs qui continuent à travailler,
à former leur esprit et leur cœur par tous les moyens
qui sont à leur disposition. Et comment en serait-il
autrement, lorsqu'il en est de même pour toutes

---

1 On suppose que tous les instituteurs sont formés dans des
écoles normales, et que toutes les écoles normales sont bonnes,
parce que tout autorise à croire que bientôt il y aura une école
normale bien dirigée pour chaque académie, et que, par conséquent, dans un temps donné, il n'y aura plus en France
que des instituteurs sortis des écoles normales, des colléges ou
des académies.

lés branches du savoir humain? Il est donc du devoir de tout instituteur primaire de ne pas quitter l'étude après son entrée en fonctions; mais de travailler avec ardeur à augmenter ses connaissances, à agrandir le cercle de ses idées. [1]

37. Mais comment l'instituteur parviendra-t-il à s'acquitter de ce devoir? Au sortir de l'école normale il ne reçoit plus ni des leçons ni des directions de ses professeurs. Eh bien, il s'instruira, il se dirigera par lui-même, au moyen de bons livres et de conseils que des personnes instruites ne voudront pas lui refuser.

38. Il économisera, par conséquent, quelque peu d'argent, pour acheter les meilleurs livres d'éducation populaire; il suppléera à l'insuffisance de ses moyens en s'associant avec quelques-uns de ses collègues, dans le but d'acheter des livres en commun, ou de se prêter réciproquement ceux qu'ils possèdent.

39. Il cherchera à se mettre en rapport avec des gens plus instruits et plus éclairés que lui, qui pourront lui prêter des livres; il les consultera sur ses projets d'amélioration de l'école; il leur soumettra ses vœux sur différens objets; il leur confiera ses doutes; il les priera de lui expliquer des passages obscurs et des idées confuses sur tel ou tel objet.

---

1 Quelques instituteurs, pour s'affranchir de ce devoir, pourraient alléguer la nécessité de pourvoir à leur existence en se livrant à l'agriculture ou à une autre profession. Espérons qu'on ôtera bientôt à cette excuse ce qu'elle peut renfermer de spécieux, en salariant convenablement les maîtres d'école.

40. Il se mettra également en rapport avec ses collègues voisins, dans le but d'établir avec eux un échange d'idées sur l'éducation et l'instruction de la jeunesse. Ces rapports ne seront pas éloignés et livrés au hasard; ils seront prochains et réguliers. Ce seront de véritables *conférences* tenues à des époques fixes, où l'on traitera, dans un ordre plus ou moins suivi, par écrit ou de vive voix, des questions intéressantes de pédagogie; où l'on se communiquera les expériences qu'on a faites, les améliorations qu'on projette, les obstacles qu'on rencontre, les succès qu'on a obtenus, les fautes qu'on a commises; où l'on se cotise pour l'achat de livres utiles et de journaux d'éducation recom-mandables. — Ces conférences auront lieu dans la commune la plus favorablement située, ou chez les associés à tour de rôle. Il est bon, il est même nécessaire, qu'elles soient dirigées par un homme versé dans la pédagogie, et qui n'est pas instituteur.

41. L'instituteur qui profite de ces moyens de progrès, aura un plein succès. Son école sera citée comme un modèle, ses élèves deviendront des mem-bres utiles de la société, et, s'il ne prévoit pas la possibilité d'amasser des trésors ou d'arriver aux honneurs, sa récompense sera dans l'approbation de Dieu, dans l'estime des honnêtes gens, et dans la conviction d'avoir rendu des services à l'humanité.

CINQUIÈME PARTIE.

CHOIX DE LIVRES A L'USAGE DES INSTITUTEURS ET DES ÉLÈVES.[1]

1. Les instituteurs ont besoin de livres pour se perfectionner, et les élèves pour s'instruire dans l'école ou chez eux. Il semble donc qu'un choix de livres qui pût satisfaire à ce besoin, ne serait pas déplacé dans ce Manuel.

2. On ne fait pas entrer dans ce choix la *bible*, les *catéchismes*, les *livres de dévotion* et les *abécédaires*, parce que les ouvrages de ce genre sont généralement connus et employés; mais on y admet des livres à l'usage du sexe, parce que tout ce Manuel est aussi, en quelque sorte, pour les institutrices.

3. Si ce choix laisse beaucoup à désirer, ce sera, en partie, la faute de l'auteur, et en partie celle de la littérature pédagogique française, qui n'est pas très-riche en bons livres.

---

[1] Les instituteurs qui savent l'allemand et qui désirent connaître les principaux livres d'éducation écrits dans cette langue, pourront consulter :

Kleine Schulbibliothek, etc. : Petite bibliothèque scolaire, de B. C. L. Natorp. Essen, 1820, 2 fr. 25 cent.

Auserlesene Bibliothek, etc. : Bibliothèque choisie des instituteurs, par Müller. Nurnberg, 1823, 1 fr. 25.

Kleine Handbibliothek, etc. : Petite bibliothèque portative des instituteurs et des amis de la littérature pédagogique, de Ziegenbein. Magdebourg, 1815, 5 fr. 25 cent.

Litteraturzeitung, etc. : Gazette littéraire à l'usage des instituteurs de l'Allemagne. Cette gazette paraît depuis 1819 à Ilmenau, et l'année coûte 8 fr.

4. L'instituteur se réglera, dans l'achat des livres, non-seulement sur son revenu, mais encore sur ses besoins ou ceux de ses élèves, et sur l'avis de personnes plus instruites que lui.

5. Comme il est probable qu'il ne pourra acheter que fort peu de livres à son propre usage, il multipliera ses moyens d'instruction en ayant recours aux emprunts et à l'association avec ses collègues voisins.

6. Toutes les fois qu'il voudra introduire un nouveau livre classique, il consultera ses supérieurs.

7. Quant à la bibliothèque scolaire, il la formera peu à peu, tant avec les dons de l'Administration, que par des cotisations volontaires, et n'oubliera pas qu'un seul volume est un commencement.

8. Les bibliothèques scolaires ont le grand avantage de répandre des connaissances utiles et des idées généreuses; de resserrer le lien qui unit les maîtres et les élèves; d'instruire même les parens, qui liront les livres prêtés à leurs enfans.

9. On peut exiger une petite rétribution pour les livres prêtés, afin de créer un fonds pour l'augmentation de la bibliothèque. ¹

10. L'instituteur ne confiera aux élèves que les livres qu'il aura lus. Il pourra leur faire lire de ceux qui sont désignés comme devant servir à son propre usage. Lui-même lira avec fruit les ouvrages destinés à faire partie de la bibliothèque scolaire.

---

1 Il est entendu que l'instituteur tiendra un registre des livres dont se compose la bibliothèque scolaire, et qu'il fera remplacer ceux qui auront été perdus ou endommagés.

11. Les ouvrages dont on va citer les titres, sont de trois espèces différentes : 1.° *livres à l'usage des instituteurs;* 2.° *livres classiques;* 3.° *livres pour les bibliothèques scolaires.*

I. *Livres à l'usage des instituteurs.*

1.° *Histoire de l'éducation.*

Essai sur l'histoire et sur l'état actuel de l'instruction publique en France, par M. Guizot. Paris, 1816, in-8.°

Coup d'œil rapide sur l'instruction publique depuis 1789 jusqu'en 1828, par M. Martin. Paris, 1828, in-8.° 2 francs.

2.° *Journaux.*

Journal d'éducation, publié depuis 1815. Paris. 12 cahiers in 8.° par an, 18 fr.

Journal de l'instruction élémentaire, publié par des membres de l'Université. Paris. 12 cahiers in 8.° par an, 10 fr.

Le Père de famille, journal de la Société d'instruction populaire; 12 cahiers in-8.° par an, 12 fr.

3.° *Éducation et instruction en général.*

Filassier, Dictionnaire historique d'éducation. Paris, 2 vol. in-8.°

Comment il faut nourrir les enfans. Traité de Plutarque sur l'éducation des enfans, dans le premier vol. des OEuvres morales de Plutarque. Paris, 1819, in-8.°

De l'éducation des filles, par Fénélon. Paris, in-18. 1 fr. 50 cent.

L'éducation des enfans, de Locke, traduit de l'anglais, par Coste. Paris, 1821, 2 vol. in-12. 6 fr.

Émile, ou de l'éducation, par J. J. Rousseau. Paris, 1793, 4 vol. in-18. 6 fr.

Nouvelle méthode d'éducation, par Basedow. Erfurt, 1772.

Manuel élémentaire d'éducation, par Basedow. Berlin, 1774, 4 vol. in-8.º

Manuel des mères, de Pestalozzi, traduit de l'allemand. Paris, 1821, in-12. 2 fr. 40 cent.

Essai sur les principes élémentaires de l'éducation, par Spurzheim. Paris, 1822, in-8.º 3 fr. 60 cent.

Nouveaux essais d'éducation de Goldsmith, traduits de l'anglais, par Dampmartin. Paris, 1803, in-12. 2 fr. 50 cent.

Du perfectionnement moral, ou de l'éducation de soi-même, par M. Dégérando. Paris, 1826, 2 vol. in-8.º 14 fr.

De l'Éducation, par M.me Campan. Paris, 3 vol. in-12. 14 fr.

Éducation pratique, par Marie Edgeworth, traduction libre de l'anglais, par Ch. Pictet; 2 vol. in-8.º 8 fr.

Éducation domestique, ou lettres de famille sur l'éducation, par M.me Guizot. Paris, 1826, 2 vol. in-8.º 12 fr.

Avis aux bonnes mères, sur la manière de soigner les enfans. depuis leur naissance jusqu'à l'âge de puberté, par M.me G.....t. Paris, 1824, in-8.º 1 fr. 25 c.

Le Livre des pères et des mères pendant la première éducation, par M. D***; 2 vol. in-8.º

Cours élémentaire d'instruction pour l'enfance, par P. J. Galland. Paris, 1826, 2 vol. in-12. 6 fr.

Observations sur le système des écoles d'Angleterre, pour la première enfance, établies en France sous le nom de salles d'asile, par M.ᵐᵉ Millet, in-8.º 40 cent.

Essai général d'éducation physique, morale et intellectuelle; suivi d'un plan d'éducation pratique pour l'enfance, l'adolescence et la jeunesse, par M. A. J. Paris, 1808.

Essai sur l'instruction publique et particulièrement sur l'instruction primaire, où l'on prouve que la méthode des écoles chrétiennes est le principe et le modèle de la méthode de l'enseignement mutuel; par Ambroise Rendu. Paris, 1819, 3 v. in-8.º

Plan d'éducation publique, ou essai sur la nécessité et les moyens de réunir l'éducation à l'instruction publique; par Toussaint. Paris, 1802, in-8.º

Essai d'éducation, par Fréville. Paris, 1789, 2 vol.

De l'éducation et du choix des instituteurs, par Dampmartin. Paris, 1816, in-8.º

Nouveau système d'éducation pour les écoles primaires. Paris, 1815, in-8.º

Projet d'organisation pour les écoles primaires, par Frédéric Cuvier. Paris, 1815, in-8.º

Petite école normale, ou principes d'enseignement et plan d'éducation, par Legry. Paris, 1816.

Cours théorique d'instruction élémentaire, de Butet. Paris, 1818, in-8.º

Manuel pratique d'enseignement élémentaire, par Nyon. Paris, 1818, in-12.

Traité (nouveau) des écoles primaires, ou manuel des instituteurs et des institutrices, par M. l'abbé Affre. Paris, 1826, in-18. 1 fr. 50 cent.

Exposé analytique des méthodes de l'abbé Gaultier, par M. L. P. de Jussieu. Paris, 1822, in-8.° 4 fr.

Traité caractéristique d'une mauvaise éducation, par L. Gaultier. Prix 1 fr. 25 cent.

Plan d'éducation pour les enfans pauvres, d'après les deux méthodes combinées de Bell et de Lancastre, par Alex. de Laborde. Paris, 1816, in-8.°

Cours complet d'enseignement mutuel, contenant son application à la lecture, l'écriture et l'arithmétique, par M. Eusèbe Gorgeret. Paris, in-8.° 4 fr. 50 c.

Manuel des écoles élémentaires, ou exposé de la méthode d'enseignement mutuel, par M. Sarazin. Paris, 1829, in-12. 2 fr. 25 cent.

Traité d'éducation élémentaire, d'après la méthode d'enseignement mutuel, pour les prisonniers, les orphelins et les adultes des deux sexes, par Appert. Paris, 1822. 3 fr.

Manuel populaire de la méthode Jacotot, par Reter. Paris, 1830, in-18. 1 fr. 50 cent.

Traité complet de la méthode Jacotot, par M. A. Durietz. Paris, 1829, in-8.° 3 fr. 50. cent.

La Jacotomachie, ou le pour et le contre de la méthode Jacotot et conclusions sur cette méthode, par M. Chompré. Paris, 1829, in-8.° 2 fr. 50.

Le visiteur des écoles, par un inspecteur d'Académie. Paris, 1830., in-8.° 1 fr. 50 cent.

Guide des écoles primaires, ou lois, réglemens et instructions concernant les écoles primaires. Paris, 1830, in-8.º 1 fr. 50 cent.

Des établissemens pour l'éducation publique en Bavière, dans le Wurtemberg et dans le pays de Bade, par J. C. Loudon. Paris, 1829. 1 fr. 15 cent.

4.º *Diététique et gymnastique.*

La physiologie des gens du monde, pour servir de complément d'éducation, ornée de planches, par le chevalier Chaponnier. Paris, 1829, in-8.º 7 fr.

Les merveilles du corps humain, ou notions familières d'anatomie, à l'usage des enfans et des adolescens, par Jauffret. Paris, 1803, in-18. 1 fr. 50 c.

Traité d'hygiène, appliqué à l'éducation de la jeunesse, par le docteur Simon. Paris, 1827, in-8.º 6 fr. 50 cent.

L'art de prolonger la vie de l'homme, par C. F. Hufeland, traduit de l'allemand, par A. J. L. Jourdan. Paris, 1824, in-8.º 6 fr.

Conseils sur la santé, ou hygiène des classes industrielles, par M. C. Saucerotte, in-18. 40 cent.

Manuel populaire de santé, ou instruction sur les maladies qui règnent le plus souvent, par Marie de Saint-Ursin. Paris, 1808, in-8.º 6 fr.

Des erreurs populaires relatives à la médecine, par A. Richerand. Paris, 1812, in-8.º 6 fr.

L'onanisme, dissertation sur les maladies produites par la masturbation, par Tissot. Paris, 1819, in-12. 1 fr. 50 cent.

Secours à donner aux personnes empoisonnées et asphyxiées, suivis des moyens propres à reconnaître les poisons et les vins frelatés, et à distinguer la mort réelle de la mort apparente, par M. P. Orfila. Paris, 1821, in-12. 3 fr. 50 cent.

Manuel d'éducation physique, gymnastique et morale, par le colonel Amoros. Paris, 1830, 2 vol. in-18, et Atlas de cinquante planches. 10 fr. 50 c.

Gymnastique des jeunes gens. Paris, 1829, in-18. 2 fr. 50 cént.

Calisthénie, ou gymnastique des jeunes filles. Paris, 1829, in-18. 2 fr. 50 cent.

Les jeux des jeunes garçons, représentés en 25 gravures, par MM. Lefranc, Armand-Gouffé, etc. Paris, 1821, in-8.º oblong. 10 fr.

Gymnastique médicale, ou l'exercice appliqué aux organes de l'homme, d'après les lois de la physiologie, de l'hygiène et de la thérapeutique, par Charles Londe. Paris, 1821, in-8.º 4 fr. 75 cent.

5.º *Branches de l'instruction.*

1) *Lecture.*

La Citolégie, ou l'art d'apprendre à lire en un très-petit nombre de leçons, par Dupont de l'Hérault, 25 tableaux in-folio et un manuel. 10 fr.

Lecture clercienne, ou l'art d'apprendre à lire dans un mois sans épeler. Paris, 1829. 6 fr.

Méthode de lecture, par L. A. Maitre. L'ouvrage se compose d'un manuel, de grands tableaux, de petits tableaux et rubans. 6 fr.

Méthode de lecture, par M. A. Sonnet. Beauvais, 1831. Cet ouvrage se compose de deux manuels, l'un pour l'élève, 1 fr. 25 cent.; l'autre pour le maître, 1 fr. 25 cent.

Théorie des vrais principes de lecture, tirée des bons auteurs, mise en pratique par Chamerat. Paris, 1824, in-8.° 7 fr. 5o cent.

Méthode de lecture pour apprendre à lire en peu de leçons, par M. Mialle. Paris, 1827, in-8.°

Essai sur l'art d'apprendre à lire, par Timothée Patot. Paris, 1822, in-12. 2 fr. 25 cent.

Méthode pratique de lecture, de M. François de Neufchâteau, an VIII, in-8.°

2) *Écriture.*

Principes de l'écriture cursive, abusivement appelée anglaise, par J. A. Barde. Paris, 1824, in-fol. 6 f.

Traité de calligraphie et d'écriture anglaise, d'après la méthode de Carstairs, par M. Lauwereyns. Paris, 1828, in-18. 3 fr.

Écriture clercienne : nouvelle méthode pour apprendre à écrire aux petits enfans et aux adultes en dix-sept jours de temps, sans le secours de maître, par M. L. Clerc. Paris, 1830, in-4.° 6 fr.

Recueil de cinquante modèles d'écriture française, par Schæntzlen. Paris et Strasbourg, chez Levrault. 75 cent.

Nouveau cahier de vingt-quatre planches de principes d'écritures française et anglaise, par Werdet, in-folio. 4 fr.

Trente-six exemples des écritures française et anglaise dans leur perfection, par A. Bourgeois. 1 fr. 25 cent.

3) *Connaissance de la langue maternelle.*

L'art de lire à haute voix, par L. Dubroca. Paris, 1824, in-8.°

Dictionnaire de la langue française, par MM. Noël et Chapsal, in-8.° 8 fr.

Dictionnaire raisonné des difficultés grammaticales et littéraires de la langue française, par Ch. Laveaux, 2 vol. in-8.° 18 fr.

La synonymie française, ou dictionnaire de tous les synonymes définis jusqu'à ce jour, par MM. Girard, Beauzée, Roubaud, Guizot et autres auteurs, 2 vol. in-12. 6 fr.

Dictionnaire des locutions vicieuses, 1 vol. in-18. 1 fr. 25 cent.

Grammaire des grammaires, par Ch. P. Girault Duvivier, 2 vol. in-8.° 15 fr.

Nouvelle grammaire française, par MM. Noël et Chapsal, in-12. 1 fr. 50 cent.

Exercices français, par MM. Noël et Chapsal, in-12. 1 fr. 50 cent.

Corrigé des exercices français sur l'orthographe, la syntaxe et la ponctuation, par MM. Noël et Chapsal, in-12. 2 fr.

Traité des participes, par Lequien, in-12. 1 fr. 25 c.

Exercices orthographiques, par A. Boniface. 1 fr. 40 cent.

Manuel complet du style épistolaire, ou choix de lettres puisées dans les meilleurs auteurs, précédé d'instructions sur l'art épistolaire et de notices biographiques, par F. Biscarrat. Paris, 1829, in-18. 3 fr.

Manuel épistolaire, par Philippon la Madeleine, in-12. 2 fr. 50 cent.

Nouveau manuel épistolaire, ou modèles de lettres sur toutes sortes de sujets puisés dans nos meil-

leurs écrivains, par l'abbé Cas. Paris, 1828, in-12. 2 fr. 50 cent.

Correspondance de deux petites filles, ouvrage propre à former de bonne heure les enfans au style épistolaire, par R. Paris, 1827, in-12. 2 fr.

Méthode pour exercer les jeunes gens à la composition française, par l'abbé Gaultier. Paris, 1811, 2 vol. in-12.

4) *Arithmétique.*

Cours pratique et théorique d'arithmétique, d'après la méthode de Pestalozzi, avec des modifications par Rivail. Paris, 1827, 2 vol. 6 fr.

Arithmétique théorique et pratique, appliquée à la géographie, à l'histoire et aux premiers élémens de la physique, par A. Savary. Paris, 1829, in-8.°

Guide de l'instituteur primaire pour l'enseignement du calcul, et plus particulièrement du système métrique. Paris et Strasbourg, chez Levrault, 1822, in-12. 1 fr. 50 cent.

Livret d'exemples de calcul, 104 feuillets. Paris et Strasbourg, chez Levrault, 1822, in-12. 2 fr. 25 c.

Guide pratique de l'arithméticien, contenant près de six mille opérations, graduées sur toutes les parties de l'arithmétique, par A. Boniface. Paris, 1829. 5 fr.

Recueil de problèmes amusans et instructifs, avec les démonstrations raisonnées et l'application des règles de l'arithmétique à leur solution, par J. J. Gremilliet. Paris, 1826, in-8.° 5 fr.

Volume des solutions de ces problèmes, in-8.° 6 fr.

5) *Religion et morale.*

De la religion dans l'instruction publique, ou essai sur les développemens qu'exige l'éducation religieuse, et sur les limites où il convient de la renfermer; publié par Auguste Gady. Paris, 1822, in-8.° 2 fr.

Lettres sur l'éducation religieuse de l'enfance, par Deluc. Paris, 1803, in-8.° 3 fr.

Tableau des diverses religions professées de nos jours, par E. B. Frossard, in-12. 60 cent.

Résumé des croyances et cérémonies religieuses de la plupart des peuples du monde, par MM. A. Viollet et H. Daniel. Paris, 1827, in-18. 3 fr. 50 cent.

Chompré, Dictionnaire abrégé de la bible. Paris, 1806, in-8.°

Abrégé de l'histoire ecclésiastique, à l'usage des élèves de l'école militaire. Paris, in-12. 2 fr.

Précis philosophique de l'histoire de l'Église, par L. Lavigne. Paris, 1826, in-4.° 5 fr. 50 cent.

Beautés de l'histoire ecclésiastique, 2 v. in-12. 7 fr.

Influence de la religion chrétienne sur les institutions sociales, par Audibert. 5 fr.

Histoire de l'ancien et du nouveau Testament, par David Bogue, traduit de l'anglais par J. J. Pacaud, in-12. 2 fr. 75 cent.

Précis de la vie de Jésus-Christ, par Peigné. Paris, 1821, in-12. 3 fr. 75 cent.

Vérité du christianisme, prouvée par la nature même de cette religion, et par le fait de son établissement, par J. B. Sumner, traduit de l'anglais par P. E. Lanjuinais. Paris, 1826, in-8.° 4 fr. 50 cent.

Apologétique et prescriptions de Tertullien; traduit par Gourcy, in-12. 2 fr. 50 cent.

Beautés et bienfaits de la religion chrétienne, par M. H. Lemaire. Paris, 1823, 2 vol. in-12. 6 fr.

Beautés du christianisme, ou recueil des belles actions inspirées par cette religion, par A. Caillot. Paris, 1825, in-12. 3 fr.

Anecdotes chrétiennes, ou choix d'anecdotes propres à entretenir chez les jeunes gens des deux sexes l'amour de la religion, par M. H. Lemaire. Paris, 1821, in-12. 3 fr.

Almanach des muses chrétiennes, ou choix de poésies religieuses et morales. Paris, 1822, in-8.° 3 fr.

Poésies morales et religieuses, ou choix des meilleurs ouvrages de nos poètes, composés sur des sujets chrétiens, ou tirés de l'Écriture sainte. Paris, 1824, 3 vol. in-8.°

Explication morale des proverbes populaires français, par M. Basset, in-18.

Dictionnaire de morale chrétienne, ou choix de dictées et modèles d'analyse sur toutes sortes de sujets, par A. J. B. Bouvet de Cressé. Paris, 1828, in-12. 4 fr.

Dictionnaire de maximes, par J. L. Mabire. 6 fr.

6) *Chant.*

Élémens de musique, propres à faciliter aux enfans la connaissance des notes, des mesures et des tons, au moyen de la méthode des jeux instructifs de l'abbé Gaultier, par ***. Paris, 1819, in-18. 1 fr. 50 cent.

Le chansonnier du premier âge, ou choix de

chansons que l'on peut permettre aux jeunes gens des deux sexes pour exercer leur voix. 1 fr. 25 c.

7) *Histoire naturelle.*

Petit Dictionnaire classique d'histoire naturelle. Paris, 1826, 2 vol. in-12, avec planches noires 10 fr., coloriées 15 fr.

Études de la nature, par Bernardin de Saint-Pierre. Paris, 1804, 5 vol. in-12.

Le Buffon de la jeunesse. Paris, 1822, 4 vol. in-18, ornés de 134 figures. 6 fr.

Entretiens d'un père avec ses enfans sur l'histoire naturelle, 5 vol. in-12, ornés de 400 figures. 8 fr.

Abrégé d'histoire naturelle, traduit de l'anglais de Mary Trumer, par M. Gerson Hesse, 2 vol. in-18. 3 fr.

Introduction familière à la connaissance de la nature, traduction libre de l'anglais, par Berquin, in-12. 2 fr. 50 cent.

Principes d'anthropologie, ou des lois de la nature considérées dans l'homme, par de Joannis. Paris, in-8.º 6 fr.

Histoire naturelle de l'homme, par le comte de Lacépède. Paris et Strasbourg, chez Levrault, 1821. 3 fr.

Histoire des plantes vénéneuses et suspectes de la France, par Bulliard. Paris, 1798, in-8.º 5 fr.

8) *Physique et chimie.*

Thèmes sur la physique, par G. F. Olivier. Paris, 1824. 2 fr.

Leçons élémentaires de physique, par L. Cotte. Paris, 1821, in-12. 2 fr. 75 cent.

Manuel de physique, par M. C. Bailly. Paris, 1824, in-18. 2 fr. 50 cent.

Manuel de physique amusante, par Julia-Fontenelle, in-18. 3 fr.

Chimie, enseignée en vingt-six leçons, traduite de l'anglais par Payen. Paris, 1827, in-12. 7 fr.

Manuel de chimie, par Riffault, in-18. 3 fr. 50 c.

Chimie des gens du monde, par Samuel Parkes, traduit de l'anglais par J. Riffault. Paris, 1824, 2 vol. in-8.° 10 fr.

Manuel de chimie amusante, par F. Accum; traduit de l'anglais par J. Riffault. Paris, 1827, in-18. 3 f.

9) *Technologie.*

Panorama de toutes les inventions et découvertes tant anciennes que modernes, par MM. L. S. B. et C. F. Paris, 1825, in-12.

Encyclopédie domestique, ou recueil de procédés et de recettes concernant les arts et métiers, l'économie rurale et domestique, etc. Paris, 1822, 3 vol. in-8.° 15 fr.

Le petit producteur français, par Charles Dupin. Paris, 1827, in-18.

Encouragemens donnés à la jeunesse industrielle, par Mme Alida de Savignac, 2 vol. in-18. 3 fr.

Art de fabriquer toutes sortes d'ouvrages en papier, pour l'instruction et l'amusement des jeunes gens des deux sexes, par A. de Bécourt. Paris, 1828, in-18. 1 fr.

Art de construire en cartonnage toutes sortes d'ouvrages. Paris, 1828, in-18. 2 fr.

Manuel des demoiselles, ou arts et métiers qui

leur conviennent, par Mme E. Celnart. Paris, 1826, in-18. 3 fr.

Principes généraux d'économie publique et industrielle, par Suzanne. Paris, 1826, in-18. 40 cent.

L'art de fertiliser les terres, par Mme E. Celnart. Paris, 1828, in-18. 40 cent.

10) *Géographie.*

J. Marcarty, Dictionn. géographique universel.

Géographie de J. F. Lamp. Strasbourg, 1827, 2 vol. in-12. 5 fr.

Le tour du monde, ou tableau géographique et historique de tous les peuples de la terre, par Mme Dufrenoy. Paris, 1822, 6 vol. in-18. 12 fr.

Géographie physique, historique et statistique de la France, par E. Mentelle; revue par Depping. Paris, 1821, in-8.° 12 fr.

Géographie universelle de Crozat. Paris, 1823, in-12. 2 fr. 25 cent.

Manuel du géographe, par de Villiers. Paris, 1826, in-18. 3 fr. 50 cent.

L'Anacharsis français, ou description historique et géographique de toute la France. Paris, 1823, 4 vol. in-18, avec quatre-vingt-sept cartes. 24 fr.

Atlas universel de géographie ancienne et moderne, dressé par M. Perrot; cartonné. 9 fr.

Globe terrestre, à Strasbourg chez MM. Marin et Schmidt, de 6 pouces de diamètre, prix 5 fr.

11) *Astronomie.*

Les usages de la sphère, des globes célestes et terrestres, par F. de la Marche. Paris, 1825, in-8.° 3 fr.

Panorama céleste, ou l'astronomie en tableaux,

traduit de l'anglais de M. Thomas Elton. Paris, 1825, in-18. 5 fr.

Astronomie de l'amateur, par G. Hirzel. Paris, 1821, in-8.° 8 fr. 75 cent.

Merveilles des cieux, ou cours d'astronomie, mis à la portée de la jeunesse, traduit de l'anglais de Thomas Squire. Paris, 1825, in-12. 5 fr.

Traité complet du calendrier, par J. Lebayer. Paris, 1822, in-8.° 9 fr.

Problèmes amusans d'astronomie et de sphère, suivis de leur solution. 4 fr.

12.° *Histoire.*

Discours sur l'histoire universelle, par Bossuet, 2 vol. in-18. 2 fr.

Abrégé de l'histoire universelle, par Ségur, 44 vol. in-18. 88 fr.

Précis de l'histoire universelle, par Anquetil, 12 vol. in-18.

Élémens de l'histoire générale, par Millot; continués par Millon. Paris, 1820, 10 vol. in-12. 25 fr.

Précis de l'histoire universelle, par le baron de Theis. Paris, 1829, in-8.° 12 fr.

Tablettes chronologiques de l'histoire ancienne et moderne, par Serieys, in-12. 4 fr.

Tableaux synchronistiques de l'histoire ancienne et moderne, par J. F. Lamp. Strasbourg, chez J. H. Heitz, in-4.° 5 fr.

Aperçu historique sur les mœurs et coutumes des nations, par Depping. 3 fr. 50 cent.

Voyage du jeune Anacharsis, 5 vol. in-8.° avec atlas.

Voyage de Polyclète, ou lettres romaines, par Theis. Paris, 2 vol. in-8.° 14 fr.

Abrégé des antiquités romaines, in-18. 1 fr. 50 c.

Abrégé de l'histoire de la Grèce, de Goldsmith, par Bruyset. Paris, in-12. 3 fr.

Abrégé de l'histoire romaine, de Goldsmith, par Bruyset. Paris, in-12. 3 fr.

Abrégé de l'histoire romaine, de Rollin, par M. l'abbé Taillhé. Lyon, 5 vol. in-12. 10 fr.

Résumé de l'histoire de France jusqu'à nos jours, par Félix Bodin. Paris, in-18. 3 fr.

L'histoire de France, racontée aux enfans, par M. Lamé Fleury. Paris, 2 vol. in-18. 4 fr.

Histoire de la révolution française, par M. Mignet, 2 vol. in-8.° Paris, 14 fr.

13) *Législation et administration.*

Notions élémentaires sur la justice, le droit et les lois, par M. Dupin. Paris, 1827, in-18. 3 fr.

Manuel du praticien, ou traité de la science du droit, mise à la portée de tout le monde. Paris, 1827, in-18. 3 fr. 50 cent.

Histoire-analyse des constitutions et des gouvernemens en France, et des révolutions, notamment depuis 1789 jusques et y compris 1830, pour servir à l'instruction élémentaire de la jeunesse; par L. R. Danaufrillette.

Le Petitionnaire, ou guide des personnes qui ont à présenter des pétitions, placets, requêtes, etc., in-12. 2 fr.

Formulaire de tous les actes, tant civils que commerciaux, que l'on peut passer sous seing privé, in-12. 2 fr. 50 cent.

14) *Dessin linéaire, géométrie et arpentage.*

L'enseignement du dessin linéaire d'après une méthode appliquée à toutes les écoles primaires, par L. B. Francœur, in-8.° avec atlas. 7 fr.

Cours méthodique de dessin linéaire par M. Lamotte, in-8.° avec atlas. 5 fr.

Le jeune dessinateur. 3 fr.

Notions de géométrie pratique, nécessaires à l'exercice de la plupart des arts et métiers, par L. Gaultier. Paris, 1830, in-12. 1 fr. 50 cent.

Pratique du toisé géométrique, ou géométrie pratique mise à la portée des personnes qui savent les quatre règles, par M. Desnanot. Paris, 1827, in-12. 3 fr. 75 cent.

Géométrie agricole, par P. H. Suzanne. Paris, 1829, in-8.° 5 fr.

Manuel d'arpentage, ou instruction élémentaire sur cet art, et sur celui de lever les plans, par J. F. Lacroix. Paris, in-18. 2 fr. 50 cent.

L'art de lever les plans, enseigné en vingt leçons, par Thiollet. Paris, in-12. 7 fr.

Gnomonique graphique, ou méthode simple et facile pour tracer des cadrans solaires sur toute sorte de plans, en ne faisant usage que de la règle et du compas, par J. Mallet. Paris, 1827, in-8.° 3 fr.

15) *Mémoire.*

De la mémoire et des moyens d'augmenter l'action de cette partie de l'intelligence humaine, par Aimé Paris. Paris, 1826, in-18. 2 fr.

II. *Livres classiques.*

1.° *Lecture.* [1]

Tableaux de lecture française, quarante-quatre tableaux. Paris et Strasbourg, chez Levrault. 5 fr.

Tableaux de lecture française composés par Schiffmacher, 12 tableaux. *Idem.* 2 fr.

Premières lectures françaises. *Idem.* 80 cent.

Secondes lectures françaises. *Idem.*

Cent petits contes. *Idem.* 60 cent.

Nouveaux petits contes. *Idem.* 60 cent.

Historiettes pour former le cœur et l'esprit. *Idem.*

Recueil de *fac-similé* d'écriture française, pour faciliter la lecture des manuscrits et écritures difficiles. *Idem.* 1 fr.

2.° *Exercices de mémoire.*

Exercices de mémoire pour les écoles primaires. Paris, 1829, in-18. 30 cent.

Fables de Lafontaine, in-18. 1 fr. 25 cent.

Fables de Florian, in-18. 1 fr.

Le Fablier de l'enfance, par E. Balland, in-18. 1 fr. 50 cent.

Morale de l'enfance, par Morel de Vindé, in-18. 1 fr.

Maximes de La Rochefoucauld, in-18. 75 cent.

3.° *Langue française.*

Dictionnaire portatif français, par Marguery. 4 fr.

---

1 Parmi les livres classiques et ceux qui se trouvent sous la rubrique : Bibliothèque scolaire, il y en a beaucoup qui peuvent servir comme livres de lecture. L'instituteur saura les distinguer.

Abrégé du Dictionnaire de l'Académie française, par Masson, 2 vol. in-16. 8 fr.

Grammaire française, par MM. Michelot et Picard. 1 fr. 35 cent.

Abrégé de la grammaire française, par Noël et Chapsal, in-12. 90 cent.

Abrégé de la grammaire française, par E. Lefranc, in-12. 1 fr. 10 cent.

Grammaire française de Letellier, in-12. 1 f. 50 c.

Élémens de la grammaire française, par Lhomond, in-12. 60 cent.

Nouv. gramm. des commençans, de A. Braud. 1 fr.

Grammaire française, par Fournier, in-12. 1 f. 25 c.

4.° *Arithmétique.*

Tableaux de calcul intuitif. Paris et Strasbourg, chez Levrault. 1 fr. 25 cent.

Tableau de passage du calcul intuitif au calcul numéral. 65 cent.

Nouvel abrégé d'arithmétique pratique, par Constant Letellier. 1 fr. 50 cent.

Petite arithmétique raisonnée, suivie d'un recueil de problèmes, par M. Vernier. 75 cent.

Le petit arithméticien de famille, par E. M. M. Miroir, in-8.° 1 fr. 50 cent.

Traité élémentaire d'arithmétique décimale, à l'usage des écoles primaires, par M. Tisserand. 2 fr.

Arithmétique élémentaire et raisonnée, par J. B. Payan, in-12. 1 fr. 25 cent.

Élémens de calcul en 6 tableaux. Paris et Strasbourg, chez Levrault. 75 cent.

Les mêmes en une brochure lithographiée. 60 c.

5.° *Religion et morale.*

Histoires tirées de l'Écriture sainte, in-18. Strasbourg, chez Levrault, savoir : Ancien Testament. 5o cent. Nouveau Testament. 5o cent.

Histoire de la bible, par Jean Hübner. 1 fr. 5o c.

La vie de Jésus-Christ, par F. G. Edel. Strasbourg. 1 fr. 5o cent.

L'esprit de l'Écriture sainte, ou les enseignemens de la bible sur les principales vérités de la religion. Strasbourg et Paris, chez Levrault.

Histoires bibliques à l'usage des salles d'asile. Strasbourg. Levrault.

L'ami des enfans, ou recueil de prières pour les enfans et les jeunes gens. 5o cent.

Leçons de morale pratique, par Abel Dufresne, in-18. 25 cent.

Écrits populaires de Franklin, par le compagnon de Simon de Nantua. 4o cent.

Les soirées du dimanche ou le curé de village, leçons de morale pratique, par Mme E. Celnart, in-18. 4o cent.

6.° *Chant.*

Abécédaire musical, par Léopold Aimon. 1 fr. 80 c.

7.° *Histoire naturelle.*

Le petit Buffon des enfans, in-18. 1 fr. 5o cent.

Minéralogie populaire, par Brard, in-18. 4o c.

8.° *Physique.*

Maître Pierre ou le savant de village, entretiens sur la physique, par Brard, in-18. 4o cent.

9.° *Technologie.*

Maître Pierre ou le savant de village, entretiens

8

sur l'industrie; par Brard. Paris et Strasbourg, chez Levrault, in-18. 50 cent.

Adolphe ou le petit laboureur, par M. S. V. Trémadeure. 30 cent.

10.° *Géographie.*

Abrégé de géographie pour les écoles, par J. F. Lamp. Strasbourg, chez Levrault, in-12. 60 cent., avec 7 cartes. 1 fr.

Abrégé de la géographie, de Crozat, in-12. 1 f. 75 c.

Petite géographie méthodique, par MM. Meissas et Michelot, in-18. 75 cent.

Petite géographie, par Ansart. 75 cent.

Géographie de l'abbé Gaultier, in-18. 1 fr. 50 c.

Cartes muettes des quatre parties du monde, coloriées, en deux feuilles grand colombier chacune. Paris et Strasbourg, chez Levrault. 3 fr.

Atlas pour les écoles, vingt-quatre cartes, avec des tableaux élémentaires de géographie. Paris et Strasbourg, chez Levrault. 4 fr.

Petit atlas pour les écoles, douze cartes. Paris et Strasbourg, chez Levrault. 1 fr. 50 cent.

Petit atlas de huit cartes sans texte. Strasbourg, chez Levrault. 75 cent.

Les cartes écrites assorties par cent. 10 fr. *Idem.*

Les cartes muettes assorties par cent. 8 fr. *Idem.*

11.° *Histoire.*

Aperçu des principaux événemens de l'histoire universelle, à l'usage des écoles, par G. G. Bredow. 1 fr. 50 cent.

Histoire de France, par Mme de Saint-Ouen, in-18. 60 cent.

12.° *Astronomie.*

Maître Pierre, entretiens sur l'astronomie, par Lemaire, in-18. 40 cent.

13.° *Législation.*

Notions générales et élémentaires sur le droit public français, in-18. 40 cent.

14.° *Dessin linéaire et arpentage.*

Élemens du dessin linéaire, en 3 tableaux, ou en une brochure lithographiée. Paris et Strasbourg, chez Levrault, 60 cent.

L'arpentage, à l'usage des écoles primaires, deux cahiers.

III. *Livres pour les bibliothèques scolaires.* [1]

1.° *Ouvrages périodiques.*

L'ami de la jeunesse, douze cahiers in-32. 2 fr. par an.

Almanach de Monthyon. 15 cent.

Almanach des bons conseils. 15 cent.

Le Bon génie, journal des enfans, publié par L. P. de Jussieu, une demi-feuille in-4.° par semaine, et une lithographie par mois. 22 fr. par an.

2.° *Ouvrages religieux et moraux.*

Le danger des mauvais livres, ou sermon sur l'Apocalypse. 40 cent.

Gumal et Lina, ou les enfans africains, histoire religieuse à l'usage de la jeunesse, imitée de l'allemand de G. F. Lossius; par J. L. A. Dumas, 3 vol. in-12, 6 fr.

---

[1] Ces livres, comme beaucoup de ceux qui précèdent, sont propres à être donnés en prix.

Beautés de l'histoire sainte, par M. le chevalier de Propiac, in-12. 3 fr.

Modèles de la jeunesse chrétienne, ou exemples de piété, de charité et des autres vertus inspirées par la religion; par H. Lemaire, in-18. 1 fr. 25 cent.

Paraboles de Krummacher, traduites de l'allemand par M. L. Bautain, in-12. 2 fr. 25 cent.

Le La Bruyère des jeunes gens, ou le précepteur moraliste, galerie composée de plus de cent tableaux de mœurs; par D. Lemaître, 2 vol. in-12. 8 fr.

Le La Bruyère des jeunes demoiselles, ou principaux caractères des jeunes personnes, par M.me Mallès de Beaulieu, in-12. 2 fr. 50 cent.

L'ange protecteur de la jeunesse, ou histoires amusantes et instructives, destinées à faire connaître aux jeunes gens les dangers qu'ils courent tous les jours; par J. G. Salzmann, traduites de l'allemand par S. Cahen, in-12. 2 fr.

Les soirées sous le vieux tilleul, ou petit cours de morale en exemples, imitation de l'allemand de J. H. Campe; par M. Berton, 2 vol. in-18. 3 fr.

Bibliothèque de l'enfance, traduit de l'allemand de Campe. 2 vol. in-18.

Récréations morales de l'enfance, ou entretiens de plusieurs enfans avec leur père, sur ce qui fait le fond de l'éducation de la jeunesse; par M. H. Lemaire, 2 vol. 6 fr. 50 cent.

La bonne famille, ou la morale mise en action, par J. G. Salzmann; traduit de l'allemand par H. L. M. 2 vol. 5 fr.

Annales du courage et de la vertu, ou recueil de

belles actions récompensées par le Gouvernement, par E. Larrivée, fils. 3 fr. l'année.

Nouveau choix de beaux exemples et de traits sublimes puisés dans l'histoire, propres à former les cœurs à la vertu; par P. Colau. 3 fr.

Marie, la fille de l'aveugle, ou ce que Dieu fait est bien fait, imité de l'allemand de J. G. Salzmann; par Mme de Civrey, in-12. 3 fr.

Les petits livres couleur de rose, de Glatz, traduits de l'allemand par Mme Élise Voïart, 4 vol. Strasbourg et Paris, chez Levrault.

Minona, de Glatz, trad. de l'allemand, 2 v. *Idem.*

Pierre, ou les suites de l'ignorance, 1 vol. *Idem.*

Contes populaires, par J. B. Bouilly, 2 vol. in-12. 8 fr. 50 cent.

Contes aux enfans du peuple, par A. Viollet, 2 vol. in-18. 2 fr. 50 cent.

Une famille, ouvrage à l'usage de la jeunesse, suivi de nouveaux contes; par Mme Guizot, 2 vol. 8 fr.

L'écolier, ou Raoul et Victor, par Mme Guizot, 4 vol. in-12.

Les enfans, contes, par Mme Guizot, 2 vol. 15 fr.

Nouveaux contes de Mme Guizot, 2 vol. 10 fr.

Simon de Nantua, ou le marchand forain, par M. L. P. de Jussieu, in-12. 2 fr. 25 cent.

OEuvres posthumes de Simon de Nantua, in-12. 1 fr. 50 cent.

Histoire de Pierre Giberne, ancien sergent de grenadiers français, par L. P. de Jussieu, in-12. 3 fr.

Les petits livres du père Lami, 6 v. in-18. 3 f. 20 c.

Les soirées villageoises, ou mélanges d'histoires

et de conversations sur les principaux points de la morale chrétienne, par M. d'Exauvillez, chaque volume 2 fr.

Le petit Jacques, ou l'enfant adoptif d'un vieux soldat, historiette morale et amusante, destinée à la jeunesse, par W. Day; traduit de l'anglais. 1 fr. 50 c.

Delval et ses enfans, ou la bonne famille. 1 fr. 50 c.

Beaux exemples de piété filiale, par Fréville. 3 fr.

Beaux traits du jeune âge, par Fréville. 3 fr.

Les enfans instruits et corrigés par leur propre exemple, par Ant. Caillot. 1 fr. 25 cent.

Joseph le manteau noir, ou ce que Dieu fait est bien fait, par J. G. Salzmann; traduit de l'allemand par S. Cahen. 2 fr.

Cléon, ou entretiens d'un vieillard avec son fils prêt à entrer dans le monde, traduit de l'allemand de Campe, 3 vol. in-18.

L'enfance éclairée sur les vices et les vertus de son âge, par M.me Dufresnoy, in-18. 1 fr. 80 cent.

Le village de Valdoré, ou sagesse et prospérité, imité de l'allemand; par M. L. P. J. 1 fr. 50 cent.

La colombe, par Krummacher, traduit de l'allemand. 75 cent.

Le moyen de plaire, par Campe. 3 fr.

Petit manuel de la politesse. 1 fr. 25 cent.

Les avantages de la caisse d'épargne; par M. Juvigny. 40 cent.

La loterie dévoilée, par M. Quentin. 40 cent.

Les chances de la loterie, ou la famille Bréval et le curé de Fresnes, par Lefebure.

Conseils maternels, ou manuel pour les jeunes

filles, les épouses, les mères, etc., traduit de l'allemand par Mme Gauteron. 1 fr. 20 cent.

Berquin, contes et historiettes pour les enfans.
1 fr. 25 cent.

Berquin, Idylles et romances. 3 fr.

Idem. L'ami des adolescens, 2 vol. 6 fr.

Idem. L'ami des enfans, 4 vol. 3 fr.

Idem. Livre de famille. 3 fr.

Idem. Petit Grandisson. 3 fr.

Idem. Sandfort et Merton. 3 fr.

Le petit mouton. Paris, chez Levrault. 60 cent.

L'enfant perdu.	*Idem.*	50
Le serin.	*Idem.*	50
Le ver luisant.	*Idem.*	55
La chapelle de la forêt.	*Idem.*	40
Les œufs de Pâques.	*Idem.*	60
Histoire de Henri d'Eichenfels.	*Idem.*	60
La veille de Noël.	*Idem.*	60
Geneviève de Brabant.	*Idem.*	60
Rose de Tannenbourg.	*Idem.*	75
La corbeille de fleurs.	*Idem.*	75
La croix de bois.	*Idem.*	40
Le petit ermite.	*Idem.*	60

Le bon Fridolin et le méchant Thierry, 2 vol.
in-18. 1 fr. 20 cent.

On peut avoir tous les petits livres ci-dessus
avec figures noires ou coloriées.

3.º *Ouvrages sur différens sujets.*

Abrégé du voyage du jeune Anacharsis, par Caillot, 2 vol. in-12. 7 fr.

Bibliothèque géographique et instructive des

jeunes gens, ou recueil de voyages intéressans dans toutes les parties du monde; par Campe. Paris, 1805, 72 vol. in-18, 108 cartes et figures. L'ouvrage est divisé en six années, dont chacune se vend séparément à 18 fr.

Découverte de l'Amérique, traduit de Campe, 3 vol. in-12. 9 fr.

Abrégé de l'histoire des voyages modernes, 2 vol. 6 fr.

Le nouveau Télémaque, ou aventures curieuses du jeune Henri, in-4.° oblong. 15 fr.

Le Robinson français, ou le petit naufragé, par M.me Julie Delafaye-Brehier, 2 vol. 7 fr.

Le petit Robinson, ou aventures de Robinson Crusoé, 1 vol. 1 fr. 25 cent.

Abrégé de l'histoire universelle d'Anquetil, par Ant. Caillot, 2 vol. 7 fr.

Éducation par l'histoire, ou école des jeunes gens. 3 fr.

Les merveilles de l'industrie, mises à la portée de la jeunesse, par M.me de Flesselles. 3 fr.

Les jeunes industriels, ou découvertes, expériences, conversations et voyages de Henri et Lucie; par Maria Edgeworth, traduites de l'anglais par M.me Sw. Belloc, 4 vol. 14 fr.

L'art de gagner sa vie, ou encyclopédie industrielle, par Massé. 3 fr. 50 cent.

Les merveilles de la nature et des arts dans les cinq parties du monde, par M. de Marlès.

Petites études de la nature, traduites de l'anglais par En..... 1 fr. 50 cent.

Botanique de la jeunesse, ou méthode facile pour connaître les végétaux sans maître, 2 vol. in-18. 4 fr.

Les curiosités universelles, contenant les plus beaux ouvrages de la nature et des hommes, par M. le chevalier de Propiac, 2 vol. 7 fr.

Nouvelle encyclopédie de la jeunesse, ou abrégé de toutes les sciences. 3 fr.

Petite encyclopédie des enfans, par M.me Dufresnoy, 2 vol. in-18. 4 fr.

Petite encyclopédie des enfans, traduite de l'anglais; par M.me de Courval. 2 fr. 50 cent.

Encyclopédie de la jeunesse, ou abrégé de toutes les sciences, par M.me la comtesse de Hautpoul. 3 fr. 50 cent.

Le porte-feuille des enfans. Weymar, 1800, 5 vol. in-4.o

Le porte-feuille de la jeunesse, ou la morale et l'histoire enseignées par des exemples, par M. Bouilly: l'ouvrage n'est pas achevé, chaque volume coûte 2 fr. 50 cent.

La vaccine justifiée, ou le père de famille et son médecin, par M. Dudon. 50 cent.

Campe, élémens de psychologie, à l'usage des enfans. Hambourg, 1783.

SIXIÈME PARTIE.

PRÉCIS HISTORIQUE DE L'ÉDUCATION ET DE L'INSTRUCTION PRIMAIRE.

Ce précis étant destiné à faire connaître ce qui été tenté pour l'émancipation intellectuelle du genre humain et à faciliter la comparaison des méthodes [1], on saura sans doute gré à l'auteur de n'avoir pas reculé devant les difficultés d'un travail presque entièrement nouveau en France. [2]

Pour régulariser sa marche, il divise l'histoire de l'éducation en quatre périodes. LA PREMIÈRE *comprend les temps anciens jusqu'à l'établissement du christianisme;* LA SECONDE, *l'ère chrétienne jusqu'à la renaissance des lettres;* LA TROISIÈME, *l'ère chrétienne depuis la renaissance des lettres jusqu'à Jean-Jacques Rousseau;* LA QUATRIÈME, *le temps qui s'est écoulé depuis Jean-Jacques Rousseau jusqu'à nos jours.*

---

1 Voyez §. 6, page 2.

2 Les ouvrages cités page 94, sous la rubrique « Histoire de l'éducation, sont les seuls livres français sur cette partie, à la connaissance de l'auteur. Quant à l'Allemagne, elle ne possède des traités sur l'histoire générale de l'éducation, que dans le 1.er volume de la Pédagogie de Schwarz, et dans le 3.e volume de celle de Niemeyer. *Erziehungslehre,* etc. : Pédagogie de F. H. Schwarz; Leipzig, 1829, 3 vol. in-8.° *Grundsätze,* etc. : Principes de l'éducation et de l'instruction à l'usage des parens, des gouverneurs et des pédagogues; Halle et Berlin, 1818, 3 vol. in-8.°

PREMIÈRE PÉRIODE.

Depuis les temps anciens jusqu'à l'établissement
du christianisme.

Nous ne possédons que peu de renseignemens
sur l'éducation des plus anciens peuples, civilisés
par des *poëtes*, des *prêtres* et des *conquérans*. Intimement liés entre eux, les prêtres et les conquérans
conservèrent long-temps le monopole de certaines
connaissances, et continrent les classes inférieures
par la religion et par la force. Cependant l'esprit
humain est difficile à tenir en tutelle ; il cherche à
se frayer une route et à renverser les obstacles qui
s'opposent à sa marche progressive. Les castes pri-
vilégiées ne tardèrent pas à s'en apercevoir, et pour
ne pas compromettre leur existence, elles cédèrent
au torrent qui menaçait de les engloutir. Elles ac-
cordèrent au peuple ce qu'on ne pouvait plus lui
refuser, de sorte que l'éducation populaire fit des
progrès remarquables dès cette première période,
particulièrement chez les *Hindous*, les *Chinois*, les
Égyptiens, les *Perses*, les *Hébreux*, les *Grecs* et
les *Romains*.

Il résulte de toutes les recherches sur l'*Inde* et
la *Chine*, que dans ces deux vastes empires on at-
tachait, de tout temps, beaucoup de prix à l'éducation des castes ou classes supérieures, dont l'exemple, joint au culte, aux lois civiles et à la morale
pratique, exerçait une influence salutaire sur le peuple, pour lequel il y avait, dans les endroits con-
sidérables, des écoles qui existent encore de nos

jours. La méthode d'enseignement suivie dans les écoles hindoues, donna au docteur Bell l'idée de l'enseignement mutuel. Dans les écoles chinoises on suivait et on suit encore des procédés analogues à ceux de Pestalozzi. Les enfans, par exemple, y parlent tous à la fois. [1]

Chez les *anciens Égyptiens*, le peuple savait lire, écrire et calculer (au moyen de petites pierres); il connaissait des préceptes de morale et avait quelques notions des sciences; ce qui autorise à croire qu'il y avait des écoles populaires en Égypte. Il ne paraît pas qu'on ait enseigné dans ces écoles la musique, contraire à la gravité du caractère national, la gymnastique, regardée comme inutile ou comme nuisible à la santé. Cette opinion sur la gymnastique n'empêchait pas les Égyptiens d'élever durement leurs enfans; ils les exposaient aux ardeurs du soleil nu-tête, nu-pieds et presque sans vêtemens. [2]

Suivant Hérodote, l'éducation des *anciens Perses* paraît avoir été domestique et d'une extrême simplicité. Les enfans, chaudement vêtus et la tête couverte, contrairement aux Égyptiens, restaient auprès de leurs mères jusqu'à l'âge de cinq ans. Alors

1 On trouve des notions curieuses sur l'éducation des Hindous, dans le quatrième chapitre d'un ouvrage intitulé : *Das alte Indien*, etc. : L'Inde ancienne, particulièrement dans ses rapports avec l'Égypte , par P. de Bohlen. Kœnigsberg, 1830, 2 vol. in-8.°

2 Voyez, sur l'éducation des anciens Égyptiens, l'Histoire d'Hérodote et de celle de Diodore de Sicile, dont on a des traductions françaises.

leurs pères les exerçaient à l'équitation, à lancer des flèches, à dire la vérité. Suivant Xénophon, les jeunes Perses appartenaient moins à leurs parens qu'à l'État. Ils étaient élevés dans des maisons publiques et classés suivant leur âge ; la frugalité, la gymnastique et les vertus civiques étaient les principes fondamentaux de leur éducation ; les mages (prêtres) les instruisaient dans les sciences. Xénophon aurait-il inventé ou idéalisé l'éducation des anciens Perses ? On le croit. Il se peut pourtant qu'il n'ait eu en vue que la tribu suprême des *Pasargades*, tandis qu'Hérodote parlait des masses. De cette manière les deux rapports pourraient être également vrais. [1]

Tout dans l'éducation des *Hébreux* se rapportait à Dieu. Dès que l'enfant commençait à parler, son père l'instruisait dans la loi de Moïse, dans la lecture et dans l'écriture, de sorte qu'il savait ordinairement lire à l'âge de cinq ans. On accoutumait de bonne heure les jeunes Hébreux à observer les lois lévitiques et à chanter des hymnes en l'honneur de Jéhovah. Ces hymnes nourrissaient leur patriotisme et les guidaient dans les sentiers de la droiture, dans lesquels ils étaient au reste maintenus par la sévérité de leurs parens, qui cherchaient à assurer le bien-être de leurs enfans en les plaçant sous une discipline rigide, et en veillant à leur santé d'après les ordonnances de la loi lévitique.

---

[1] L'Histoire d'Hérodote et la Cyropédie de Xénophon renferment des choses dignes d'être lues sur l'éducation des anciens Perses.

Il est probable que l'État s'en rapportait aux parens pour l'éducation et l'instruction de la jeunesse; car les écoles de *Samuël* et des *Rabbins*, les seules dont l'histoire fasse mention, ne recevaient que l'élite de la nation. Quoi qu'il en soit, ces écoles ont, sans doute, influé sur la totalité du peuple d'Israël, dont l'éducation religieuse et morale paraît avoir été très-avancée comparativement aux nations contemporaines. [1]

Si les Hébreux élevaient leurs enfans pour Dieu et pour la théocratie, les *Grecs*, afin de consolider leurs petits États, cherchaient à former des citoyens intrépides et dévoués à leur pays. C'est assez dire que chez eux l'éducation devint un objet spécial de la sollicitude des philosophes et des législateurs. Les dimensions de ce Manuel ne permettant pas de nous arrêter à tous les travaux pédagogiques des Grecs, nous ne dirons qu'un mot de l'éducation des *Spartiates* et des *Athéniens*, dont les premiers obéissaient aux lois de *Lycurgue* (870 av. J. Ch.), et les seconds à celles de *Solon* (594 av. J. Ch.).

Les *Spartiates* considéraient les enfans des deux sexes comme la propriété de l'État, la vigueur du corps comme la condition d'une belle ame, des citoyens courageux, dévoués au bien public et sou-

---

1 Les Livres de Moïse et les Proverbes de Salomon renferment beaucoup de lois et préceptes relatifs à l'éducation. Le livre de l'Ecclésiastique de Jésus, fils de Sirach, contient une pédagogie pour les garçons et les filles; par exemple, Eccl. III, v. 9 — 18; XXII, v. 3 — 15; XXX, XLII, v. 11. Voyez encore Mœurs des Israélites, par l'abbé Fleury.

mis aux lois, comme nécessaires à la patrie. Rien de tout cela n'était compatible, selon eux, avec l'éducation domestique et l'instruction proprement dite. En conséquence les Spartiates n'admettaient que l'éducation publique et proscrivaient les sciences : peu de Spartiates savaient lire. On accoutumait les enfans à parler correctement et avec précision; on leur faisait apprendre par cœur et chanter des poésies patriotiques, morales ou guerrières; on les faisait assister aux conversations des hommes et des vieillards; on croyait avoir tout fait pour leur instruction, en les rendant prudens, judicieux, disposés au sacrifice de la vie. Les enfans faibles ou difformes étaient jetés dans un précipice du mont Taygète, les enfans fortement constitués étaient élevés durement; ils ne recevaient que des alimens grossiers et en petite quantité; on les fatiguait outre mesure et leur faisait subir des traitemens inhumains. La gymnastique était la principale occupation de la jeunesse spartiate des deux sexes. Il est vrai que la pudeur et la vertu des femmes en souffraient, mais l'État s'enrichissait de citoyens robustes et vaillans, qui n'avaient d'autres intérêts que ceux de la patrie. Sparte resta barbare, mais elle devint la première ville de la Grèce, et ne perdit sa prépondérance que du moment qu'elle oublia les lois de Lycurgue.

Solon aussi considérait les enfans comme une propriété de l'État, et l'éducation comme un moyen de former les citoyens; mais sa législation est moins sévère et moins antipathique aux sciences que celle de Lycurgue; de sorte que les *Athéniens* devinrent

le peuple le plus poli, le plus spirituel et le plus
instruit de l'ancien monde, les maîtres intellectuels
de leurs vainqueurs, les Romains, tandis que Sparte
tomba dans le néant après la perte de sa liberté.

Jusqu'à l'âge de sept ans, l'Athénien restait sous
la surveillance des femmes. Alors ses parens ou l'État,
si le père avait péri sur un champ de bataille, étaient
obligés de le faire instruire¹, soit en public, soit en
particulier. L'éducation publique était donnée dans
des écoles appelées *gymnases*, où l'on enseignait à
tous les élèves la gymnastique, la lecture, l'écriture, la grammaire, et à ceux qui le voulaient, les
élémens de l'histoire, de la géographie, de la religion, de la morale, de la politique et de la musique. L'éducation particulière, donnée par des gouverneurs ou pédagogues, se composait des mêmes
objets d'enseignement, et paraît s'être étendue, en
partie, aux filles, qui ne manquaient, en général,
ni d'esprit ni de goût. Si ce système d'éducation
contribua, autant peut-être que les richesses, à
amollir les Athéniens, il n'éteignit pourtant pas leur
amour de la patrie, qui les rendit très-puissans et
plus d'une fois arbitres de la Grèce entière.²

Pendant qu'Athènes élevait les hommes les plus
spirituels et les plus instruits de l'antiquité, *Rome*
étendait ses conquêtes en Italie et se préparait à do-
miner l'univers. Les descendans de Romulus n'eus-

¹ En revanche les enfans étaient astreints à nourrir leurs
parens devenus vieux ou infirmes.
² Voyez, sur l'éducation des Grecs, le voyage du jeune
Anacharsis, cité page 108.

sent jamais fait de si grandes choses, si leur éducation n'avait pas été essentiellement guerrière. Aussi
apprenons-nous qu'on préservait la jeunesse romaine
de tout ce qui pouvait l'amollir ; qu'elle ne connaissait ni la musique ni les agrémens de la société, mais
qu'elle se livrait habituellement aux exercices du
corps et assistait aux jeux sanglans du cirque, ce qui
la rendit grave et courageuse. L'instruction n'était
pourtant pas bannie de Rome. Cette ville renfermait,
de tout temps, des écoles où l'on apprenait à lire,
à écrire, à calculer et à respecter les dieux ; mais
on n'était pas obligé d'y envoyer les enfans ; les chefs
de famille pouvaient les faire instruire chez eux par
des esclaves, et souvent ils les instruisaient eux-
mêmes. La réputation des matrones romaines fait
présumer que l'éducation du sexe n'était pas négligée dans la ville éternelle, et l'exemple de l'illustre
Cornélie semble prouver que les femmes y influaient
sur l'éducation des hommes.

Les Romains ayant appris à connaître les Grecs,
ils perdirent insensiblement leurs mœurs, firent
venir des gouverneurs d'Athènes ou allèrent y faire
leurs études. Beaucoup de citoyens gémissaient de
cette manière d'agir, le caractère national en fut al-
téré ; mais Rome devint le centre de la civilisation
et la rivale d'Athènes, de sorte qu'elle était très-
instruite lorsque Jésus parut dans le monde. [1]

_____

1 On lira avec plaisir, sur l'éducation des Romains, quelques
lettres du *Voyage de Polyclète à Rome*, par M. de Theis, cité
page 109.

9

DEUXIÈME PÉRIODE.

Depuis l'ère chrétienne jusqu'à la renaissance des lettres.

S'il est impossible de refuser un tribut d'admiration à l'éducation que recevaient divers peuples de l'antiquité, on conviendra que, sous plus d'un rapport, elle était incomplète; qu'elle donnait des vertus civiques et peu de vertus réelles; qu'elle faisait aimer la patrie et haïr les étrangers; qu'elle n'avait rien de cette universalité qui élève l'ame et prépare le perfectionnement indéfini du genre humain.

Que ne devons-nous donc pas à Dieu d'avoir envoyé le Christ pour détruire les haines nationales et réunir les hommes autour du trône de l'Éternel ! — Dès-lors l'éducation dut changer de caractère, perdre son élément exclusif, et se proposer le développement harmonique de toutes les facultés de l'ame au profit de l'universalité des hommes. En effet, le christianisme exige qu'on aime le Seigneur par-dessus tout et le prochain comme soi-même; qu'on subordonne les intérêts de la terre aux intérêts du ciel; qu'on devienne parfait comme Dieu est parfait, c'est-à-dire qu'on rapporte tout à Dieu, qu'on renonce aux haines nationales et individuelles; qu'on recherche les biens spirituels, et que les hommes soient formés sur le modèle de perfection que Jésus-Christ offrit au monde. La religion, selon l'Évangile, est donc la base fondamentale, et la perfection morale le but de l'éducation chrétienne.

C'est ce qui engagea les premiers chrétiens à instruire leurs enfans dans les vérités et les préceptes
de leur divine religion, en suivant les indications
données par Jésus et ses apôtres [1]. Les anciens des
églises partageaient avec les parens le soin de l'éducation religieuse et morale de la jeunesse. Dans ce
but on créa des écoles pour les catéchumènes et
pour leurs précepteurs. Ces écoles, purement religieuses et morales, étaient regardées comme suffi-
santes tant que durèrent les écoles des gentils. Mais
après la chute du paganisme les chrétiens fondèrent
des *écoles paroissiales* où l'on enseignait, outre la
religion, la lecture, l'écriture, la grammaire, la dialectique et la rhétorique [2]. Cependant ces écoles ne
devinrent nombreuses que sous le règne de *Charlemagne* († 814), qui les rendit générales en 780, et
ordonna d'y enseigner la lecture, l'écriture, le latin
et le plain-chant. Ce grand homme, qui s'était ré-
servé la surveillance des écoles, se faisait rendre
compte de leur situation, les visitait en personne et
examinait lui-même leurs élèves. *Alfred le grand*,
roi d'Angleterre († 900) prit, environ à la même
époque, des mesures semblables pour l'instruction

1 Voyez, par exemple, Év. selon S. Matth., XVIII, 2 — 4;
XIX, 14; Év. selon S. Jean, XVI, 12; 2 Cor. XII, 14; Éph.
VI, 4; Col. III, 20; 1 Tim. V, 4; Hébr. XIII, 7; Ép. de S.
Jacques, I, 19; 1 Ép. de S. Pierre, V, 2 — 11. Schulze, *Prac-
tische Anleitung, etc.:* Direction pratique pour l'emploi péda-
gogique des Évangiles; Cœthen, 1803.

2 Les filles ne participaient point à l'enseignement donné
dans ces écoles; leur instruction était assez négligée.

de ses peuples. *Louis le débonnaire* († 840), fils de Charlemagne, pour maintenir l'œuvre de son père, ne permit la création de nouveaux *chapitres*, qu'à charge, par eux, de fonder et de diriger des écoles[1]; et comme ceux qui tenaient ces écoles étaient souvent appelés à l'épiscopat, la noblesse elle-même se consacra à l'instruction du peuple. Pendant les guerres domestiques des Carlovingiens, et surtout depuis qu'on permit aux chanoines-instituteurs de se faire remplacer par des *vicaires*.[2] (recteurs), les écoles des chapitres déclinèrent visiblement. L'ignorance du clergé séculier provoqua également la décadence des écoles paroissiales, où l'instruction devint à peu près nulle, parce qu'on se contenta d'y faire apprendre par cœur le *credo*.

Pendant que le monde chrétien tombait dans la barbarie, surtout en Occident, les *Juifs* et les *Arabes* d'Espagne, de France, de Syrie et d'Afrique cultivaient les sciences avec succès; mais ils s'occupèrent moins de l'instruction populaire que des hautes études, par exemple de la médecine et des mathématiques. Quoi qu'il en soit, les chrétiens, excités par les efforts des infidèles, se réveillèrent de leur léthargie. Ils créèrent des écoles semblables à celles des Arabes, parmi lesquelles se distingua la *première université*, fondée en 1158 à *Bologne* par l'empe-

---

1 Les couvens de femmes, pour rivaliser avec les chapitres et autres couvens d'hommes qui entretenaient des écoles, commencèrent à s'occuper de l'éducation des filles vers le milieu du dixième siècle.

2 Les enfans payaient des rétributions à ces vicaires.

reur *Frédéric Barberousse*. Ces écoles ne profitant pas aux classes inférieures de la société, les *moines mendians* fondèrent, vers le treizième siècle, des établissemens d'instruction populaire dans leurs couvens, et s'emparèrent de la direction des écoles paroissiales. Ils ne firent, cependant, que peu de chose pour le développement intellectuel de la jeunesse, puisqu'ils se bornèrent à lui fatiguer la mémoire. L'écriture, qui rapportait beaucoup au clergé régulier, avant l'invention de l'imprimerie, était proscrite de ces écoles, et ce ne fut que par suite de contrats passés entre les magistrats et le clergé, que des écoles d'écriture purent être établies dans quelques villes.

L'émancipation des communes fut un événement heureux pour l'éducation et l'instruction du peuple. Les municipalités entretenaient des écoles, où des *maîtres d'enfans* enseignaient l'art de la lecture et de l'écriture, parfois même la grammaire, la dialectique et la rhétorique. Ces maîtres d'enfans ou d'écoles, qu'on engageait pour un temps déterminé, formaient une corporation sous la dépendance du clergé, et prenaient souvent des *aides* (proviseurs, compagnons) qui, sous le titre de *chantres* [1], dirigeaient les classes élémentaires, et étaient employés par les églises dont ils recevaient un traitement. Comme, néanmoins, ceux qui s'adonnaient à l'instruction étaient, pour la plupart, des moines ou

---

[1] Les chantres du moyen âge étaient ce que sont aujourd'hui en majeure partie, les instituteurs primaires.

étudians vagabonds, les écoles étaient généralement mal organisées. Les *Hiéronymites* de Deventer cherchèrent à la vérité depuis 1379 à faire quelque chose pour l'instruction, mais ils s'occupaient essentiellement de l'enseignement supérieur, de sorte que l'instruction du peuple fut de plus en plus négligée et restreinte, pour ainsi dire, à l'enseignement d'un christianisme peu éclairé et à la lecture; rarement on l'étendait à l'écriture, au calcul, à la grammaire et à la musique.

En somme on peut dire que, dans cette période, l'éducation populaire était bonne dans le commencement; que Charlemagne chercha à en prévenir la décadence, mais qu'elle finit par dégénérer complétement, et que les Hiéronymites ne surent que préparer les voies à la nouvelle vie qu'elle devait prendre à l'époque de la renaissance des lettres. [1]

TROISIÈME PÉRIODE.

Depuis la renaissance des lettres jusqu'à Jean-Jacques Rousseau.

L'éducation populaire, très-négligée à la fin de la seconde période, va prendre maintenant un nouvel essor, et faire un pas vers le développement immense qu'elle reçut dans les derniers temps. Tant il est vrai, qu'il ne faut jamais désespérer d'une cause qui s'appuie sur un besoin réel de la société.

[1] Voyez, pour la pédagogie du moyen âge : *Uebersicht, etc.* Aperçu de la littérature pédagogique jusqu'à la fin du dix-huitième siècle; par Pétri. Leipzig, 1805 — 1808, 2 vol. in-8.°

Les hordes barbares, qui s'étaient partagé les dé-
pouilles des Césars d'Occident, n'avaient pas réussi
à étouffer complétement le goût des sciences, et à
couper les racines de l'arbre de vie planté par Jésus-
Christ. Si le peuple et les grands se trouvaient, en
général, dans une ignorance grossière, les couvens,
les églises et les universités formaient parfois des
hommes supérieurs ; des princes, des nobles, des
citadins, des femmes même cherchaient à s'instruire.
Il y eut donc de tout temps, et surtout vers la fin
du moyen âge, un nombre considérable de personnes qui s'efforçaient d'étendre le cercle des connaissances humaines. L'invention du papier et de
l'imprimerie, la création des universités et les découvertes maritimes en sont la preuve. L'esprit humain était en marche, lorsque la *prise de Constan-
tinople* par les *Ottomans*, en 1453, vint enrichir
l'Occident des trésors de l'antiquité grecque et d'une
foule de savans forcés d'y chercher un asile. Cet
événement détermina la reprise générale des hautes
études et des arts libéraux. La propagation des lumières en fut une conséquence inévitable, et bien
qu'elles n'influèrent, en principe, que sur les classes
supérieures de la société, elles ne tardèrent pas à
pénétrer jusqu'au peuple, par des précepteurs mieux
instruits, et par des livres devenus moins rares depuis l'invention de l'imprimerie.

Ce ne sont pourtant pas là les uniques causes du
perfectionnement de l'instruction populaire à cette
époque. La renaissance des lettres avait réveillé,
outre le goût des études, l'esprit d'examen et de

critique dont le moyen âge avait perdu jusqu'au souvenir. Ne trouvant pas une nourriture assez abondante dans les auteurs anciens et dans les intérêts matériels du temps, il se tourna du côté des spéculations métaphysiques ou de la religion. La réformation de l'Église en fut la conséquence, et l'amélioration de l'éducation populaire date de cet événement qui, en remuant la société entière, força tous les partis à se consolider par l'instruction universelle de leurs membres.

Dans ce but *Martin Luther* († 1546) s'adressa, dès 1524, à la noblesse et aux municipalités pour les engager à créer des écoles. *Philippe Mélanchthon* († 1560), dont les réglemens scolaires demeurèrent long-temps en vigueur, en fonda un grand nombre. Ces deux réformateurs firent, en 1529, une inspection générale des écoles de la Saxe électorale, qui produisit les plus heureux résultats. Ils eurent de nombreux imitateurs parmi les partisans de la réforme des différens pays de l'Europe, et les catholiques rivalisèrent de zèle avec eux, surtout depuis la création de l'ordre des *Jésuites* en 1540[1]. Il est vrai que toutes ces écoles se ressentaient encore de l'esprit étroit du moyen âge; mais des vues plus larges ne manquaient pas. *Luther, Michel Montaigne* († 1592) et *Pierre Charron* († 1603), don-

---

[1] Les religieuses Ursulines et de S. Élisabeth firent en France, pour l'éducation des filles, ce que les jésuites faisaient pour les garçons. Les *Jansénistes* ne restèrent pas en arrière. Voyez Histoire générale de Portroyal; Amsterdam, 1755—1757.

nèrent d'excellens préceptes de pédagogie [1]; *Valentin Ickelsamer* proposa de ne plus faire épeler les enfans pour leur apprendre à lire. *Albrecht Dürer* essaya de réunir le dessin à l'écriture; *Geoffroi Tory*, publia en 1559 une calligraphie française, italienne et latine, et en 1570 il y avait en France une *société de calligraphes*, dont deux membres, *Barbedor* et *Lébé*, rédigèrent des modèles qui furent gravés et généralement employés. Tout annonçait un meilleur ordre de choses. Il n'y avait que l'instruction religieuse qui restât en arrière. Ce n'est pas à dire qu'elle fut négligée; au contraire, on s'en occupait beaucoup, mais moins dans le sens intime de l'Évangile que dans l'intérêt des partis. Purement polémique, elle était dénuée de l'esprit qui vivifie les ames, de l'onction qui remue les cœurs.

Ce défaut capital de l'enseignement religieux ne tarda pourtant pas à être vivement senti par les catholiques et par les protestans. Deux hommes, divisés de croyance, mais unis de cœur, *François de Fénelon* († 1715) et *Philippe-Jacques Spener* († 1705), s'efforcèrent de le corriger. S'ils n'ont pas su se défendre d'un certain piétisme, ce piétisme était si pur que personne ne le leur reprochera sérieusement. Fénélon prêcha la charité à une na-

---

[1] Voyez *Pædagogik, etc.* : Pédagogie de Luther, ou idées sur l'éducation et les écoles, extraites des OEuvres de Luther, par Gedicke; Berlin, 1792.

Essais de Montaigne; Paris, 1818. 6 vol. in-18.

Le Livre de la sagesse, de P. Charron; Paris, 1671 et 1826.

L'ouvrage de Pétri, cité page 134.

tion intolérante, Spener recommanda le christianisme pratique aux amis d'une controverse aride.
Tous les deux, attachés aux dogmes de leur religion, placèrent la vertu au-dessus de l'orthodoxie,
et recommandèrent des méthodes d'enseignement
qui ont produit d'heureux résultats. Fénélon peut
être considéré comme le premier qui se soit occupé
de *l'éducation des filles* [1], et Spener comme l'inventeur de *la catéchétique.* [2]

Fénélon fut moins apprécié en France, que Spener ne le fut en Allemagne, et le premier n'influa
pas autant sur l'éducation populaire que le dernier.
Cette différence tient surtout, d'un côté à l'action
des Jésuites en France, et de l'autre à la protection
accordée à l'éducation par *Erneste le pieux*, duc de
Saxe-Gotha, qui pensait que le perfectionnement
du genre humain dépendait de l'instruction bien
entendue de toutes les classes de la société. Il fonda,
en conséquence, des écoles essentiellement pratiques, et c'est d'une de ces écoles, de celle de Go-
tha, que sortit *Auguste-Hermann Franke* († 1727),
le pédagogue le plus remarquable de son époque,
et dont les œuvres excitent autant d'admiration que
de reconnaissance. Animé de l'esprit de Spener,

---

1 De l'éducation des filles, par Fénélon, citée page 94.
Vie de Fénélon, par le cardinal de Beausset, 4 vol. in-8.°

2 *Gedanken, etc.* : Pensées sur l'enseignement du catéchisme,
par Spener.
La vie de Spener se trouve en tête d'une nouvelle édition
de son ouvrage : *Das geistliche Priesterthum, etc.* : Le Sacerdoce
ecclésiastique, publié par C. F. W. Wilke. Berlin, 1830.

dont il était le disciple, et sans pressentir les résultats de ses travaux, il commença son œuvre vers la fin du dix-septième siècle en catéchisant les enfans des pauvres. Il sentait, peut-être plus vivement encore que Spener, de quelles améliorations l'éducation de la jeunesse et de ses instituteurs était susceptible. Il regardait comme perdus les momens qu'il ne consacrait pas à ces puissans intérêts de la société. Sans fortune il ne recula pas devant les difficultés qui s'opposaient à ses projets, et d'année en année il vit naître, par ses efforts, de nouveaux établissemens d'éducation, réunis à *Halle* sous l'humble dénomination *de maison des orphelins* [1]. Les instituteurs, formés dans cette maison, répandirent en Allemagne l'esprit et la méthode dont ils étaient pénétrés. Partout on fonda des établissemens d'instruction sur le modèle de ceux de Halle, et il est impossible de méconnaître dans les institutions des *Moraves* le génie de l'illustre Franke, sous les yeux duquel fut élevé leur fondateur, le comte *de Zinzendorf.*

Parmi ceux qui s'associèrent à Franke, ou qui marchèrent sur ses traces, on remarque *J. Lange* († 1744), grammairien distingué et auteur d'un Traité sur l'amélioration des écoles; *J. J. Rambach* († 1745), l'ami des enfans et auteur du Parfait instituteur;

[1] La maison des orphelins de Halle comprend : 1.º la maison des orphelins proprement dite ; 2.º le pédagogium royal, ou l'école pour les jeunes gens des classes moyennes et élevées ; 3.º l'école latine ; 4.º les écoles bourgeoises ou industrielles ; 5.º les écoles normales pour les instituteurs.

H. Freyer († 1747), rédacteur d'un grand nombre de livres classiques; *G. Sarganeck* († 1743), le premier qui osa écrire, en langue vulgaire, sur les péchés secrets de la jeunesse; *J. J. Hecker* († 1768), auteur d'une anatomie pour la jeunesse, et créateur des écoles industrielles; *J. J. de Fellbiger* († 1788), prêtre catholique, réformateur de l'enseignement populaire et fondateur des écoles normales pour les instituteurs dans les États autrichiens. [1]

L'école de Franke pensait que le but de toute éducation était, de produire une foi entière en Dieu et au christianisme; que c'était là l'unique manière de glorifier le Seigneur et de former de bons citoyens; que l'instruction produisait plus de mal que de bien, si elle ne s'appuyait pas sur la piété. Elle admettait que les enfans étaient indistinctement enclins au mal; d'où elle concluait, qu'il fallait purifier leur cœur en les privant de tout ce qui peut nuire à la piété, particulièrement des plaisirs qui n'affermissent pas dans le bien.

Franke et ses disciples considéraient la piété comme compatible avec tous les états, avec toutes les situations de la vie, avec la prudence et la politesse. En conséquence ils ne se prononçaient contre aucun état, contre aucune condition sociale, et s'efforçaient de donner à leurs élèves un extérieur agréable.

Ils savaient que la jeunesse a besoin de plaisirs

---

[1] Voyez, sur les collaborateurs de Franke, l'ouvrage de Pétri, cité page 134.

et de récréations. Ils les lui firent trouver dans des exercices du corps, dans des travaux mécaniques utiles et amusans, dans la contemplation des curiosités de l'art et de la nature.

Quoique dans les établissemens de Franke on regardât la religion comme la base de toute éducation, on n'y négligeait pas les autres branches de l'enseignement. Mais si la religion était pour tous, le reste des connaissances n'était accordé qu'en raison de la vocation future des élèves. C'est ainsi que dans les écoles primaires on donnait des leçons de lecture, d'écriture et de calcul; des précis d'histoire naturelle, de physique, de géographie, d'histoire et de législation.

Afin de faire fructifier ces principes, on représentait aux élèves des écoles normales, qu'ils devaient compte à Dieu de leurs travaux futurs, et on les exerçait à la catéchisation. On recommandait aux parens et aux instituteurs une surveillance active sur la jeunesse; on multipliait les exercices de piété, les prières, les chants religieux, les exhortations paternelles, les émotions du cœur [1]. Quant aux élèves, ils étaient divisés en plusieurs classes, pour chacune desquelles il y avait des salles spacieuses, munies du mobilier nécessaire, et dirigées par des

---

[1] On a prétendu que cette manière de traiter les enfans détruit leur confiance envers les parens et les maîtres, qu'elle les dégoûte de la religion, qu'elle les rend dissimulés, hypocrites ou incrédules. Si telle est la vérité, le vertueux Franke n'en est pas responsable, et on déplorera que son esprit n'ait pas toujours reposé sur ses successeurs.

maîtres habiles, qui n'étaient pas attachés à une
classe particulière, mais qui traitaient chacun une
matière spéciale, et passaient, en conséquence, d'une
classe à l'autre, conformément au plan général des
études. Les écoliers eux-mêmes participaient aux
leçons de différentes classes, suivant le degré et la
nature de leurs connaissances. Au reste on faisait
beaucoup travailler les élèves; on les éclairait par
l'intuition ou l'observation sensible, on les interro-
geait souvent, on leur faisait répéter leurs leçons,
et on s'assurait de leurs progrès par des examens
périodiques. [1]

Les principes d'éducation et la méthode d'enseignement de Franke ont été supplantés par d'autres
systèmes de pédagogie. Franke n'en est pas moins
le précurseur des meilleurs pédagogues modernes,
comme on pourra s'en convaincre par ce que nous
dirons sur la période suivante.

QUATRIÈME PÉRIODE.
Depuis Jean-Jacques Rousseau jusqu'à nos jours.

Nous avons vu, dans la période précédente, les
progrès de l'éducation primaire, provoqués par les
résultats immédiats de la renaissance des lettres.
Passons aux développemens qu'elle reçut de l'esprit philosophique du dix-huitième siècle, de cet
esprit qui bouleversa et essaya de reconstituer la

[1] Voyez sur Franke et tout ce qui concerne ses fondations,
Beschreibung, etc.: Description de la maison des orphelins à
Halle et des fondations de Franke. Halle, 1799.

société. Comme il rompit en visière avec tout ce qui avait été l'objet de la vénération des peuples, et prétendit à l'honneur de régénérer les hommes; l'éducation ne pouvait pas lui rester étrangère. De là cette quantité prodigieuse de livres sur l'éducation et l'instruction, cette foule d'établissemens où l'on se flattait d'élever une légion de Messies pour le bonheur de l'humanité. De là cette ardeur d'innover, qui prêtait souvent au ridicule, mais qui conduisit à des découvertes utiles et profita même à l'éducation populaire, quoique, dans la règle, les pédagogues de cette époque ne s'occupassent pas directement des masses. En effet, les principes qu'ils annonçaient dans tous leurs livres, et les méthodes qu'ils employaient dans leurs institutions, se répandirent au loin et jusque dans les écoles primaires, dont le nombre s'augmentait en raison de leur perfectionnement, ou de l'intérêt qu'y prenaient les gouvernemens, les églises et les particuliers.

Il n'entre dans nos vues, ni de donner une statistique des écoles, ni d'indiquer comment les principes ou les méthodes modernes ont prévalu dans l'enseignement populaire. Il nous suffira de dire, à cet égard, que, depuis une quarantaine d'années, l'instruction primaire a fait des progrès rapides, qu'elle commence à être considérée comme le premier besoin de la société, qu'elle s'étend aux pauvres [1],

---

1 Les pauvres sont instruits gratuitement dans plusieurs pays. On les admet dans les écoles ordinaires ou dans des écoles spéciales, tenues le soir ou le dimanche pour les ou-

qu'elle est excellente en Allemagne [1], et qu'elle le deviendra en France du moment où l'on voudra s'en occuper sérieusement. Ce qu'il importe de connaître, ce sont les travaux des plus célèbres pédagogues, afin que les instituteurs habiles puissent en profiter après les avoir médités et comparés. Passons donc à l'exposition succincte des principaux systèmes de pédagogie des temps modernes.

Celui qui donna l'impulsion à la pédagogie du dernier siècle est, sans contredit, le célèbre *Jean-Jacques Rousseau* († 1778). Doué d'une imagination ardente et d'une sensibilité profonde, il avait le cœur navré des imperfections de l'ordre social, et entreprit de le réformer. Selon lui, le principal moyen d'arriver à ce but était l'éducation, dont il s'occupait beaucoup, depuis qu'il avait appris à connaître le système pédagogique de l'Anglais *John Locke* [2] († 1704). En conséquence il publia son *Émile*, qui, à cause de ses paradoxes et de ses sorties contre la religion positive [3], lui valut à la fois

---

vriers. On rangera, dans la catégorie des écoles de pauvres, les salles d'asile pour les enfans de deux à six ans.

1 Le Danemarck, la Hollande et la Suisse rivalisent avec l'Allemagne. Les Juifs, les Polonais, les Russes et les Suédois marchent à sa suite. En Angleterre, l'instruction du peuple n'est pas à la hauteur de la civilisation, et dans le reste de l'Europe on est encore voisin des ténèbres du moyen âge. Dans les autres parties du monde l'instruction n'est pas totalement négligée.

2 Voyez l'ouvrage de Locke sur l'éducation, cité page 95.

3 Le parlement de Paris fit brûler l'Émile de Rousseau par le bourreau, en 1762, et condamna son auteur à l'emprisonnement.

les persécutions des stationnaires et l'admiration des novateurs. Il en résulta que d'un côté on rejetait en entier cet ouvrage remarquable, tandis que de l'autre on s'empressait d'adopter jusqu'à ses erreurs les plus évidentes. Il n'est donc pas étonnant que l'Émile de Rousseau fît moins de bien et plus de mal qu'on ne devait en attendre. Voici, au reste, la substance des principes d'éducation du philosophe de Genève.

L'amour de soi est l'instinct moteur de l'enfant, et la bienveillance envers les hommes en est la conséquence [1]. Si les enfans n'ont pas toujours été bien élevés, c'est parce qu'on ne les connaît pas assez. Il importe, par conséquent, d'étudier leur caractère, de prévenir leurs besoins, de les garantir d'accidens qui pourraient compromettre leur santé, de les traiter d'après les règles de la plus exacte justice, de leur parler correctement et de manière à s'en faire comprendre, de les faire obéir, sans toutefois les régenter et les ennuyer par l'énumération de leurs devoirs.

On n'aura presque rien à leur dire si on les élève d'une manière conforme à la nature, si les maîtres prêchent d'exemple, s'ils ne se permettent aucune mesure arbitraire, si les punitions ne sont que la conséquence naturelle des fautes. L'expérience donne les meilleures leçons, et les défauts ordinaires des

---

1 Rousseau passe à côté de l'élément religieux et moral de l'homme. La pédagogie moderne s'en est ressentie : presque tous ses défauts proviennent de là.

enfans, tels que le mensonge ou l'entêtement, sont les fruits d'une mauvaise éducation.

L'éducation n'aura un plein succès qu'à la campagne, jusqu'à l'âge de douze ans au moins. C'est là que se développent le mieux les forces physiques et les facultés intellectuelles de l'enfance. Mais il faut que ce développement soit spontané, aidé tout au plus par des situations artificielles imitées de la nature. L'instruction ne commencera que lorsque l'enfant aura manifesté le désir de s'instruire. Aucun moyen direct ne sera employé pour faire naître ce désir; il résultera des situations où un gouverneur habile aura su placer son élève. Une fois le besoin d'apprendre s'étant fait sentir chez l'enfant, on lui enseigne la musique, surtout le chant, puis la lecture, l'écriture, le dessin d'après nature, la géographie en débutant par le pays natal, la géométrie au moyen de la copie exacte des figures géométriques et d'un procédé qui fait tout trouver aux enfans par eux-mêmes, etc. En tout cas les études sérieuses seront bannies à jamais de l'enseignement, qui deviendra un jeu au moyen de l'observation sensible.

Rousseau veut que les enfans n'adoptent rien sans preuves; il rejette la voie d'autorité et considère l'imagination comme la source de tous les maux. Il prétend que les fables ne sont pas pour la jeunesse, qu'elles ne servent qu'à lui donner des idées fausses, de même que la religion si elle est enseignée avant l'âge de dix-huit ans. « Tout enfant, est-il dit dans l'Émile, qui croit en Dieu est nécessairement idolâtre ou du moins anthropomorphite, et quand une fois l'imagination a vu Dieu, il est rare que l'entendement le conçoive. [1] »

Ces idées, parmi lesquelles il y en a d'excellentes, trouvèrent d'autant plus d'accès en Allemagne, que l'illustre Franke [2] avait déjà produit une réforme dans l'éducation, qui ne pouvait pas rester imparfaite, et qui devait prendre une direction opposée à son origine, depuis que la manie des innovations, nourrie par un philosophisme téméraire, était à l'ordre du jour. Il ne fallait qu'un homme pour remettre tout en mouvement, et cet homme ne pouvait pas se faire attendre long-temps sur la terre classique de la pensée. Il parut; son nom est *Jean-Bernard Basedow* [3] († 1790). Exalté par les idées de Rousseau, poussé par le besoin généralement senti d'une meilleure éducation, encouragé par le comte de Bernstorff, Basedow se consacra entièrement à la pédagogie, et fit imprimer en 1768 un appel aux ames généreuses, pour concourir avec lui à l'œuvre de la régénération du genre humain. [4] Bientôt après il publia son *Livre élémentaire*, dont la seconde édition, sous le titre : *Ouvrage élémentaire* [5] est devenu si célèbre; et enfin, son *Livre des*

---

1 Voyez l'Émile, ou de l'éducation, cité page 95, l'Anti-Émile de J. S. Formey, et l'Histoire de la vie et des ouvrages de J. J. Rousseau, par Musset-Pathey. Paris, 1821, 2 vol.

2 Voyez page 138 et suivantes.

3 Voyez Rathmann, *Beyträge*, etc. : Pièces relatives à la vie de Basedow; Magdebourg, 1791; et Meyer, *Leben*, etc. : Vie, caractère et écrits de Basedow; Hambourg, 1792; 2 vol.

4 *Vorstellung*, etc. : Représentation aux amis de l'humanité.

5 Traduit en français, sous le titre de *Manuel élémentaire*

méthodes à l'usage des pères et des mères. [1]

Suivant cet écrit, le développement des facultés intellectuelles est l'objet essentiel de l'éducation, car c'est par l'esprit qu'on arrive au cœur. En conséquence l'enseignement de la religion et de la morale sera purement rationnel, et l'observation sensible l'unique moyen de tout apprendre, parce que les autres moyens, surtout les exercices de mémoire, abrutissent l'homme au lieu de le rendre plus intelligent. L'étude des langues n'a qu'une importance secondaire, tandis que la santé des enfans est du plus haut intérêt. C'est elle qu'il faut affermir, avant tout, par la gymnastique et en faisant un jeu de l'instruction.

Pendant que Basedow s'occupait de l'exposition de ses principes de pédagogie, il voyageait en Allemagne, visitait des maisons d'éducation, se mettait en rapport avec des hommes distingués, et manifestait le désir qu'un prince l'aidât dans son projet d'établir une *école modèle*. Son vœu fut écouté par *le prince de Dessau*, qui fournit des locaux et de l'argent [2], de sorte que Basedow put ouvrir, en 1774, une école à Dessau qui reçut le titre pom-

---

d'éducation, 1774. Ce livre renferme de nombreuses gravures pour rendre sensibles les objets de l'enseignement. C'est une imitation de l'*Orbis pictus* d'Amos Coménius, pédagogue du dix-septième siècle, dont Basedow suivait, en partie, les principes.

1 Leipzig, 1773; il a été traduit en français. Voyez p. 95.

2 Outre les dons du prince de Dessau, Basedow reçut de ses nombreuses connaissances environ 150,000 fr.

peux d'*établissement philanthropique*. Toute l'Europe avait les yeux fixés sur cette institution, et les premières épreuves qu'on fit subir aux élèves, augmentèrent la gloire de son chef. L'esprit inquiet de Basedow ne lui permit cependant pas de rester dans son établissement. Il le quitta en 1778, pour se livrer à d'autres travaux pédagogiques, après s'être beaucoup disputé avec *Wolke*, son infatigable collaborateur. L'école de Dessau continua de subsister jusqu'en 1793, où elle fut fermée. Une foule d'établissemens formés sur son modèle lui survécurent plus ou moins long-temps, entre autres celui de *Marschlins*, fondé par Ulysse de Salis, et celui de *Schnepfenthal*, fondé par Ch. G. Salzmann.

Basedow avait beaucoup de collaborateurs et d'admirateurs, qui s'occupèrent d'éducation dans son sens, et qui forment l'école des *philanthropes*. *Ch. H. Wolke* († 1825), d'abord à Dessau et ensuite en Russie; *J. Iselin* († 1782), propagateur de la nouvelle méthode par ses écrits [1]; *J. H. Campe* († 1818), auteur des livres les plus recherchés pour la jeunesse [2]; *Ch. G. Salzmann* († 1812), chef du pensionnat de Schnepfenthal et écrivain distingué [3]; *J. Ch. Fr. Gutsmuths* (né en 1760), qui publia entre autres une excellente Gymnastique [4]; *E. Ch. Trapp*

---

1 *Ueber Basedow's Vorschläge, etc.* : Sur les propositions de Basedow pour l'amélioration de l'éducation de la jeunesse, 1769.

2 Voyez les ouvrages de Campe, cités page 116 et suivantes.

3 Voyez les ouvrages de Salzmann, cités page 116 et suiv.

4 *Gymnastik, etc.* : Gymnastique à l'usage de la jeunesse, par Gutsmuths. Schnepfenthal, 1804.

(né en 1745), auteur de la Pédagogie la plus conforme aux principes des philanthropes[1]; *F. E. de
Rochow* († 1805), propagateur de l'instruction
dans les communes rurales, et fondateur de plusieurs écoles normales pour les instituteurs primaires[2]; enfin, le célèbre abbé *Louis Gaultier*
(† 1818), qui, comme les philanthropes, veut qu'on
traite les enfans avec douceur, qu'on leur fasse un
jeu de l'instruction, afin qu'ils y prennent plaisir et
n'aient plus de répugnance pour l'étude. « Sa méthode, dit M. *Dacier*, aussi utile qu'ingénieuse,
oblige de simplifier, d'analyser, de classer les idées.
Elle fournit les moyens de former le jugement et
un sens droit; elle habitue à réveiller et à soutenir
son attention. L'intérêt, l'amour-propre bien ordon-
né, l'émulation, la gloire et la honte, sont autant
de mobiles qu'elle met en action.[3] »

Le système des philanthropes trouva un rude
adversaire dans *Louis René de la Chalotais*[4]. Mais
rien ne pouvait arrêter les innovations; elles l'em-
portèrent sur les anciennes méthodes. N'en ayons

1 *Versuch*, etc. : Essai d'une pédagogie, par E. Ch. Trapp.
Berlin, 1788.

2 On a de lui, entre autres, *Versuch*, etc. : Essai d'un livre
d'école pour les enfans et les habitans de la campagne; Berlin,
1790; et un Ami des enfans.

3 Rapport sur la méthode de l'abbé Gaultier, fait à l'académie des Inscriptions et Belles-lettres, par M. Dacier.

Voyez Exposé analytique des méthodes de l'abbé Gaultier,
par M. L. P. de Jussieu, cité page 97.

4 Essai d'éducation nationale, par de la Chalotais. Paris,
1825.

aucun regret, car, abstraction faite de leur présomp-
tion et de leur peu de solidité, les philanthropes
contribuèrent singulièrement à l'amélioration des
écoles, et à l'instruction de toutes les classes de la
société, par leurs nombreuses publications.

Malgré ce mérite incontestable, les philanthropes
ne répondaient point à tous les besoins. Des hommes calmes, réfléchis et savans continuèrent, par
conséquent, à s'occuper de la pédagogie en prenant
le bon partout où ils le rencontraient. Tels sont:
*J. G. Sulzer, J. P. Miller, C. F. Weisse, M. Eh-
lers, J. G. Büsch, J. G. H. Feder, J. G. Rese-
witz, G. B. Funk, G. S. Steinbart, E. Kant.* [1]
Les écrits de ces hommes, peu lus de nos jours,
ont rectifié bien des idées, et rendu l'instruction
plus générale qu'elle ne l'avait été jusqu'alors.

Mais celui qui a contribué le plus à la réforme
de l'éducation, celui qui a insisté avec le plus de
chaleur sur la nécessité d'instruire le peuple et les
pauvres en particulier, est incontestablement le
Suisse *Jean-Henri Pestalozzi* († 1827). Si, au lieu
d'employer des gens médiocres et d'accorder sa
confiance à des intrigans, Pestalozzi ne s'était ap-
puyé que sur des personnes aussi instruites que
l'abbé *Girard* [2] ou M. *de Fellenberg* [3], et aussi désin-

---

1 Ce célèbre philosophe († 1804) est auteur d'une Pédagogie
publiée à Kœnigsberg en 1803.

2 L'abbé Girard a travaillé dans le sens de Pestalozzi à
Fribourg en Suisse.

3. M. de Fellenberg, chef de l'institution de Hofwyl, suit
en grande partie les principes de Pestalozzi. Voyez Précis sur

téressées que lui-même, la révolution qu'il a pro-
duite dans la pédagogie eût été complète; son école
modèle, établie successivement à *Stanz, Burgdorf,
München-Buchsée* et *Iverdun*, n'eût pas été fermée
de son vivant. Quoi qu'il en soit, la mémoire de Pestalozzi ne périra jamais; on oubliera ses erreurs, et
l'esprit étroit de quelques-uns de ses disciples, pour
ne le considérer que comme un des grands bien-
faiteurs de l'humanité.

Pestalozzi avait puisé ses premières idées sur l'éducation dans l'Émile de J. J. Rousseau, et il s'était
assuré de la dégradation intellectuelle et morale du
peuple par ses rapports habituels avec les labou-
reurs et les gens des fabriques. Dès-lors il se mit à
réfléchir sur les moyens de rendre aux hommes
leur dignité native. Au bout d'un certain temps il
se prononça, en somme, pour les principes d'éducation des philanthropes, et crut avoir découvert
que le défaut radical de l'instruction consistait dans
le peu d'ordre, dans le peu de discernement qu'on
y mettait ordinairement. Il était persuadé que la majeure partie des pédagogues méconnaissaient l'élément de la science, qu'ils agissaient en sens inverse
de la nature et de l'expérience. Il admettait un type
primitif de l'instruction, indiqué par la nature elle-
même, savoir: *l'intuition*. Par cette raison il pensait que l'enseignement ne devait pas débuter par
les lettres et les mots, mais par l'observation sen-

---

les instituts d'éducation de M. de Fellenberg, par M. A. Jullien;
Paris, 1817.

sible. Afin de tirer tous les avantages possibles de
ce principe, il ne conseillait pas de suivre la marche
accidentelle et désordonnée de la nature, mais d'en
classer les objets d'après leur analogie en trois catégories qui sont : *le mot*, *la forme* et *le nombre*. Ces
trois principes élémentaires, intimement liés entre
eux, exercent les yeux, la main, la mémoire, l'imagination et l'entendement. Il n'y a donc plus qu'à
veiller sur les besoins moraux et esthétiques, qui,
ayant des rapports avec le monde sensible, seront
satisfaits, du moins en partie, par l'intuition. En
conséquence Pestalozzi rejette toute instruction accidentelle et raisonnée; son élève n'apprend ni par
des questions socratiques, ni par des compositions,
mais par une communauté d'action entre l'instituteur et les élèves[1]. Ces derniers répètent, à haute
voix et en cadence, ce que le premier vient de dire.
Les objets sont présentés à l'intuition des enfans
dans un ordre rigoureusement progressif et assez
long-temps pour qu'ils s'impriment à la mémoire en
traits ineffaçables. C'est de cette manière qu'il faut
enseigner la religion[2], la morale, la lecture, l'écri-

---

[1] Pestalozzi veut que l'enfant reçoive les premières leçons
de sa mère. C'est dans ce but qu'il a écrit son livre des mères,
cité page 95, et un autre ouvrage, *Wie Gertrud*, etc. : Comment Gertrude instruit ses enfans.

[2] On a reproché à Pestalozzi de n'avoir pas tenu assez
compte de l'éducation religieuse de la jeunesse. Il considérait,
cependant, la religion comme la base de l'éducation, comme
la force motrice de toutes les idées, de toutes les actions : il
en faisait le tout de l'homme. — Comment en aurait-il négligé
l'enseignement?

ture, les mathématiques, l'histoire naturelle, la géographie, le chant, le dessin, la gymnastique, etc. [1]

Le désir de détruire l'ignorance des basses classes, désir qui était l'ame de la vie de Pestalozzi, devait surtout se communiquer aux philanthropes des pays où l'état pitoyable de l'éducation populaire était moins la conséquence d'un système que de l'indifférence. C'est lui qui mit en faveur l'*enseignement mutuel*, pratiqué dans les Indes orientales depuis des temps immémoriaux [2], et en France avant la révolution [3], mais dont l'invention est attribuée au docteur *André Bell*, qui avait été dans les Indes, et le développement à *Joseph Lancaster*, tous les deux Anglais de naissance. M. le comte *Alexandre de Laborde* fit connaître leur procédé à ses compatriotes en 1814. Maintenant il domine dans les écoles primaires de France et d'Angleterre. [4]

---

1 Voyez *Schriften* : OEuvres de H. Pestalozzi; Tubingue, 1817, etc., 13 vol. in-8.°

Meine Lebensschicksale, etc. : Ma vie comme chef des institutions de Burgdorf et d'Iverdun, par H. Pestalozzi; Leipzig, 1826.

M. A. Jullien, Esprit de la méthode d'éducation de Pestalozzi; Milan, 1812, 2 vol.

2 Pierre de la Vallé, qui avait voyagé dans les Indes orientales au commencement du dix-septième siècle, parle de l'enseignement mutuel dans la description de son voyage.

3 Par le chevalier Paulet en 1780. Voyez Plan d'éducation pour les enfans pauvres, par le comte Alexandre de Laborde; Paris, 1816, page 4 et suivantes.

4 Voyez, sur l'enseignement mutuel, les ouvrages cités page 97, et *Umrisse*, etc. : Précis de la propagation de l'enseignement mutuel, par Zschokke; Arau, 1822.

aucun regret, car, abstraction faite de leur présomp-
tion et de leur peu de solidité, les philanthropes
contribuèrent singulièrement à l'amélioration des
écoles, et à l'instruction de toutes les classes de la
société, par leurs nombreuses publications.

Malgré ce mérite incontestable, les philanthropes
ne répondaient point à tous les besoins. Des hommes calmes, réfléchis et savans continuèrent, par
conséquent, à s'occuper de la pédagogie en prenant
le bon partout où ils le rencontraient. Tels sont :
*J. G. Sulzer, J. P. Miller, C. F. Weisse, M. Eh-
lers, J. G. Büsch, J. G. H. Feder, J. G. Rese-
witz, G. B. Funk, G. S. Steinbart, E. Kant.*[1]
Les écrits de ces hommes, peu lus de nos jours,
ont rectifié bien des idées, et rendu l'instruction
plus générale qu'elle ne l'avait été jusqu'alors.

Mais celui qui a contribué le plus à la réforme
de l'éducation, celui qui a insisté avec le plus de
chaleur sur la nécessité d'instruire le peuple et les
pauvres en particulier, est incontestablement le
Suisse *Jean-Henri Pestalozzi* († 1827). Si, au lieu
d'employer des gens médiocres et d'accorder sa
confiance à des intrigans, Pestalozzi ne s'était ap-
puyé que sur des personnes aussi instruites que
l'abbé *Girard*[2] ou M. *de Fellenberg*[3], et aussi désin-

---

1 Ce célèbre philosophe († 1804) est auteur d'une Pédagogie
publiée à Kœnigsberg en 1803.

2 L'abbé Girard a travaillé dans le sens de Pestalozzi à
Fribourg en Suisse.

3. M. de Fellenberg, chef de l'institution de Hofwyl, suit
en grande partie les principes de Pestalozzi. Voyez Précis sur

Autre est *l'enseignement universel* qui, selon M. *Jacotot*, son inventeur, produira l'émancipation intellectuelle du genre humain, au moyen d'une méthode simple, invariable, infaillible, praticable par tous les hommes, pauvres ou riches, ignorans ou instruits, et qu'on peut résumer en ces termes : *apprendre par cœur une chose et y rapporter tout le reste*, ou *apprendre à connaître les faits et les rapporter fidèlement*. La *mémoire* est donc l'agent principal de cette méthode, et comme M. Jacotot admet *l'égalité des intelligences*, l'émancipation intellectuelle est à nos portes, pourvu qu'on parvienne à fixer, au même degré, *l'attention* de tous les hommes. Ceci est d'autant plus certain, que l'enseignement universel n'a pas besoin d'instituteurs, du moins d'instituteurs savans ; car chacun peut s'instruire par lui-même, et il est inutile de savoir soi-même ce qu'on veut faire apprendre aux autres. Ce qu'on raconte des effets de cette méthode tient du merveilleux [1]. Nous désirons sincèrement qu'ils soient ratifiés par des expériences ultérieures et que

---

l'éducation proprement dite, que Bell et Lancaster. Nul Allemand qui connaît les écoles de son pays, n'aura l'idée de recommander un procédé insuffisant pour former des hommes et des chrétiens. » Ce jugement, pour être trop sévère, ne manque pas de vérité. Les écoles d'enseignement mutuel n'en sont pas moins recommandables, surtout si on suit les conseils donnés §. 6, pages 33 et 34.

1 Voyez Rapport sur l'enseignement universel ou méthode Jacotot, par M. Lafite; Metz, 1830; et les ouvrages qui traitent de la méthode Jacotot, cités page 97.

la supériorité de la pédagogie moderne sur la pédagogie ancienne se montre bientôt non-seulement
dans certaines branches de l'enseignement, mais
surtout dans le développement intellectuel et dans
le perfectionnement moral de toutes les classes de
la société.

TABLE DES MATIÈRES.

FIN.

PREMIER TABLEAU.

Plan d'études d'une école tenue par un seul maître d'après la forme d'enseignement simultané pur.

HEURES.	CLASSES.	LUNDI.	MARDI.	MERCREDI.	VENDREDI.	SAMEDI.	OBSERVATIONS.
De 8 à 8½ . .		Prière.	Prière.	Prière.	Prière.	Prière.	1. Pour ne pas trop fatiguer l'attention des élèves, on pourra interrompre l'enseignement pendant cinq minutes à neuf heures et demie et à deux heures et demie. 2. Les novices, qui ne sont pas encore au courant des leçons, seront instruits et surveillés par les élèves les plus avancés de la première classe, voy. §. 7, page 34. Ces élèves pourront même être chargés de la direction de plusieurs exercices de la quatrième classe. 3. Voyez pour le développement des facultés intellectuelles et la narration du maître, les paragraphes du chapitre III de la première partie qui s'y rapportent. Pour les connaissances accessoires les §§. 4, 5 et 6 des pages 64 et 65. Pour la prière, §. 22, page 60, et §. 18, page 77. Pour l'inspection de propreté, §. 12, page 76. 4. Il faut faire copier aux élèves de la quatrième classe les chiffres romains.
	I, II, III. . . .	Écriture.	Écriture.	Écriture.	Écriture.	Écriture.	
	IV	Lecture.	Lecture.	Lecture.	Lecture.	Lecture.	
De 8½ à 9½.	I.	Lecture.	Arpentage.	Lecture.	Lecture.	Compositions.	
	II, III	*Idem.*	Lecture et épellation de mémoire.	*Idem.*	*Idem.*	Lecture et épellation de mémoire.	
	IV	Écriture.	*Idem.*	Écriture.	Écriture.	*Idem.*	
De 9½ à 10½	I, II, III	Religion. Histoire sainte.	Histoire naturelle. Technologie. Physique.	Religion. Histoire sainte.	Religion. Histoire sainte.	Histoire naturelle. Technologie. Physique.	
	IV	*Idem.*	Dessin linéaire.	*Idem.*	*Idem.*	Dessin linéaire.	
De 10½ à 11	I, II, III	Calcul écrit.	Calcul de mémoire.	Calcul écrit.	Calcul écrit.	Calcul de mémoire.	
	IV	Calcul de mémoire et intuitif.	Numération. Système métrique.	Calcul de mémoire et intuitif.	Calcul de mémoire et intuitif.	Numération. Système métrique.	
		Prière et inspect. de propreté.	Prière et inspect. de propreté.	Prière et inspect. de propreté.	Prière et inspect. de propreté.	Prière et inspect. de propreté.	
De 1 à 1½ . .		Prière.	Prière.	Prière.	Prière.	Prière.	
	I, II, III	Copie de ce qui a été corrigé, et écrire de mémoire les leçons apprises par cœur.	Géographie. Astron. Histoire.	Copie de ce qui a été corrigé, et écrire de mémoire les leçons apprises par cœur	Géographie. Astron. Histoire.	Copie de ce qui a été corrigé, et écrire de mémoire les leçons apprises par cœur.	
	IV	Lecture et épellation de mémoire.	Écrire de mémoire les leçons apprises par cœur.	Lecture et épellation de mémoire.	Lecture et épellation de mémoire.	Écrire de mémoire les leçons apprises par cœur.	
De 1½ à 2½.	I, II, III	Grammaire.	Dictée ou composition.	Grammaire.	Grammaire.	Dictée ou composition.	
	IV	Dessin linéaire.	Écriture.	Écriture.	Dessin linéaire.	Écriture.	
De 2½ à 3½.	I, II, III	Dessin linéaire.	Religion. Catéchisme.	Dessin linéaire.	Dessin linéaire.	Religion. Catéchisme et législation tous les quinze jours.	
	IV	Développement des facultés intellectuelles.	Copie de chiffres.	Développement des facultés intellectuelles.	Développement des facultés intellectuelles.	Copie de chiffres.	
De 3½ à 4 . .	I, II, III, IV.	Chant.	Narration du maître.	Chant.	Chant.	Narration du maître.	
		Prière et inspect. de propreté.	Prière et inspect. de propreté.	Prière et inspect. de propreté.	Prière et inspect. de propreté.	Prière et inspect. de propreté.	

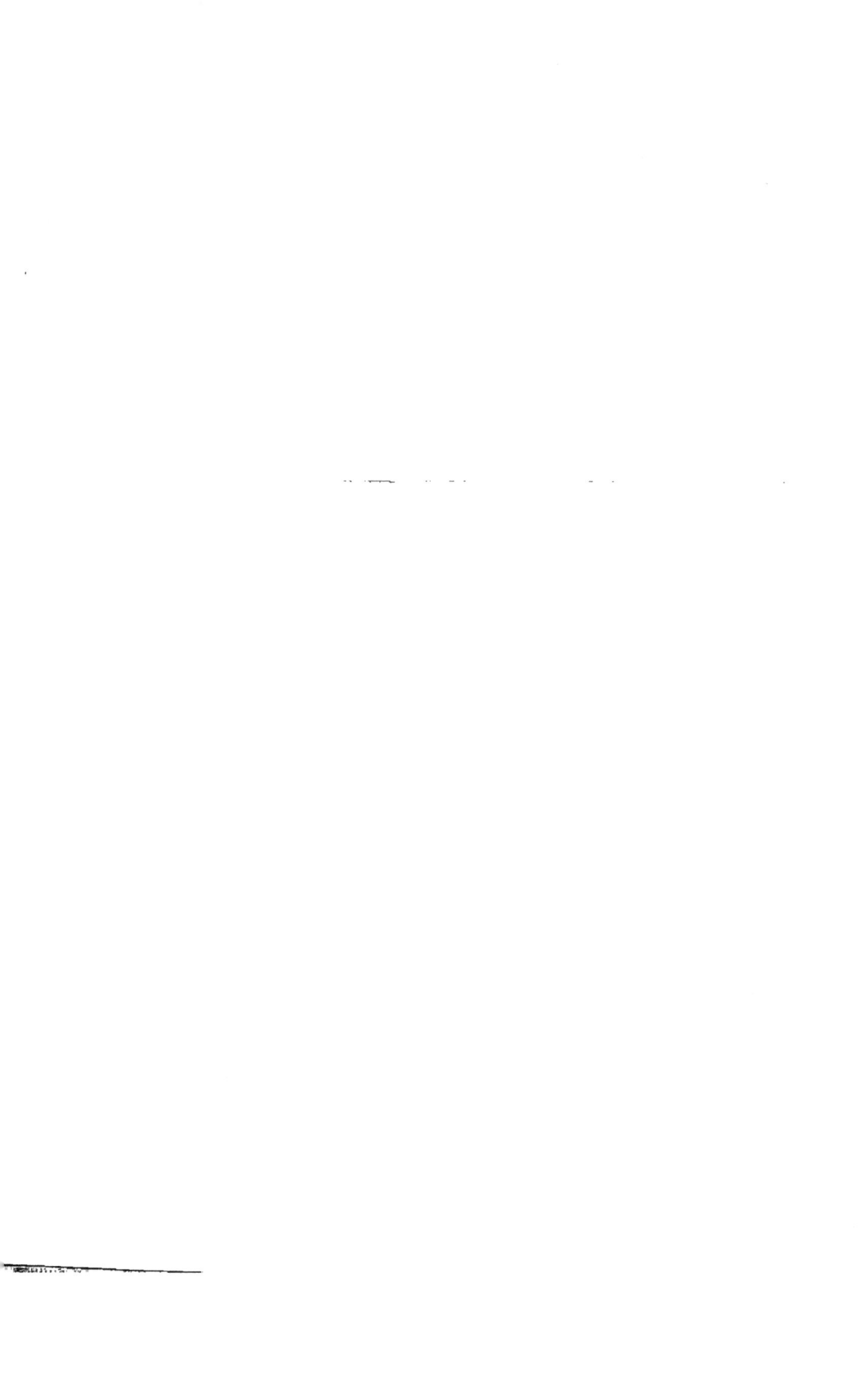

SECOND TABLEAU.

Plan d'études d'une école tenue par un seul maître d'après la forme d'enseignement simultané mutuel.

HEURES.	CLASSES.	LUNDI.	MARDI.	MERCREDI.	VENDREDI.	SAMEDI.
De 8 à 8¾...	Supérieures.	Prière. Lecture.	Prière. Lecture.	Prière. Lecture.	Prière. Lecture.	Prière. Lecture.
	Inférieures.	Idem.	Idem.	Idem.	Idem.	Idem.
De 8¾ à 9½.	Supérieures.	Écriture.	Écriture.	Écriture.	Écriture.	Écriture.
	Inférieures.	Écriture.	Écriture.	Écriture.	Écriture.	Écriture.
De 9½ à 10½.	Supérieures.	Dictée ou composition.	Dictée ou composition.	Dictée ou composition.	Dictée ou composition.	Calcul écrit.
	Inférieures.	Développement des facultés intellectuelles.	Écriture.	Écriture.	Écriture.	Développement des facultés intellectuelles.
De 10½ à 11.	Supérieures.	Copie de mémoire de ce qui a été appris par cœur.	Copie de chiffres, numération, système métrique.	Copie de mémoire de ce qui a été appris par cœur.	Copie de chiffres, numération, système métrique.	Copie de ce qui a été corrigé, et écrire de mémoire les leçons apprises par cœur.
	Inférieures.	Histoire naturelle. Technologie. Physique. Dessin linéaire. Prière et inspect. de propreté.	Histoire naturelle. Technologie. Physique. Dessin linéaire. Prière et inspect. de propreté.	Histoire naturelle. Technologie. Physique. Dessin linéaire. Prière et inspect. de propreté.	Histoire naturelle. Technologie. Physique. Dessin linéaire. Prière et inspect. de propreté.	Géographie. Astronomie. Histoire. Dessin linéaire. Prière et inspect. de propreté.
De 1 à 1½...	Supérieures.	Prière. Dessin linéaire.	Prière. Dessin linéaire. Arpentage.	Prière. Dessin linéaire.	Prière. Dessin linéaire.	Prière. Dessin linéaire.
	Inférieures.	Lecture et épellation de mémoire.	Lecture et épellation de mémoire.	Lecture et épellation de mémoire.	Lecture et épellation de mémoire.	Écriture.
De 1½ à 2½.	Supérieures.	Religion. Histoire sainte.	Religion. Catéchisme.	Religion. Histoire sainte.	Religion. Histoire sainte.	Religion. Catéchisme. Législation tous les 15 jours.
	Inférieures.	Idem.	Idem.	Idem.	Idem.	Idem.
De 2½ à 3½.	Supérieures.	Calcul de mémoire.	Grammaire.	Grammaire.	Calcul de mémoire.	Grammaire.
	Inférieures.	Calcul de mémoire et intuitif.	Écriture.	Écriture.	Calcul de mémoire et intuitif.	Écriture.
De 3½ à 4.	Supérieures.	Narration du maître.	Chant.	Narration du maître.	Narration du maître.	Chant.
	Inférieures.	Chant.	Idem.	Idem.	Idem.	Idem.
		Prière et inspect. de propreté.	Prière et inspect. de propreté.	Prière et inspect. de propreté.	Prière et inspect. de propreté.	Prière et inspect. de propreté.
		Idem.	Idem.	Idem.	Idem.	Idem.

OBSERVATIONS.

1. Le nombre des classes dans les écoles d'enseignement mutuel dépendant du nombre des élèves, il a fallu se borner à distinguer, d'une manière générale, entre les classes supérieures et inférieures. C'est au maître à déterminer les classes qui doivent participer à l'enseignement supérieur ou inférieur.

2. Les évolutions des élèves dans le comant des leçons peuvent leur tenir lieu de la pause dont il est question dans la première observation du premier tableau.

3. Il serait à désirer que le maître n'employât pas de moniteurs pour l'enseignement religieux, pour les connaissances accessoires et pour les exercices relatifs au développement des facultés intellectuelles.

4. Voyez la troisième et la quatrième observation du premier tableau.

SECOND TABLEAU.

Plan d'études d'une école tenue par un seul maître d'après la forme d'enseignement simultané mutuel.

HEURES.	CLASSES.	LUNDI.	MARDI.	MERCREDI.	VENDREDI.	SAMEDI.	OBSERVATIONS.
De 8 à 8¾	Supérieures.	Prière. Lecture.	Prière. Lecture.	Prière. Lecture.	Prière. Lecture.	Prière. Lecture.	1. Le nombre des classes dans les écoles d'enseignement mutuel dépendant du nombre des élèves, il a fallu se borner à distinguer, d'une manière générale, entre les classes supérieures et inférieures. C'est au maître à désigner les classes qui doivent participer à l'enseignement supérieur ou inférieur. 2. Les évolutions des élèves dans le courant des leçons peuvent tenir lieu de la pause dont il est question dans la première observation du premier tableau. 3. Il serait à désirer que le maître n'employât pas de moniteurs pour l'enseignement religieux, pour les connaissances accessoires et pour les exercices relatifs au développement des facultés intellectuelles. 4. Voyez la troisième et la quatrième observation du premier tableau.
	Inférieures.	Idem.	Idem.	Idem.	Idem.	Idem.	
De 8¾ à 9¾	Supérieures.	Dictée ou composition.	Écriture.	Dictée ou composition.	Dictée ou composition.	Copie de ce qui a été corrigé, et écriture de mémoire les leçons apprises par cœur.	
	Inférieures.	Écriture.	Développement des facultés intellectuelles.	Écriture.	Développement des facultés intellectuelles.	Développement des facultés intellectuelles.	
De 9¾ à 10¾	Supérieures.	Écriture.	Calcul écrit.	Écriture.	Écriture.	Calcul écrit.	
	Inférieures.	Copie de mémoire de ce qui a été appris par cœur.	Copie de chiffres, numération, système métrique.	Copie de mémoire de ce qui a été appris par cœur.	Copie de mémoire de ce qui a été appris par cœur.	Copie de chiffres, numération, système métrique.	
De 10¾ à 11	Supérieures.	Histoire naturelle. Technologie. Physique.	Géographie. Astronomie. Histoire. Physique.	Histoire naturelle. Technologie. Physique.	Histoire naturelle. Technologie. Physique.	Géographie. Astronomie. Histoire.	
	Inférieures.	Dessin linéaire.	Écriture.	Dessin linéaire.	Écriture.	Écriture.	
		Prière et inspect. de propreté.	Prière et inspect. de propreté.	Prière et inspect. de propreté.	Prière et inspect. de propreté.	Prière et inspect. de propreté.	
De 1 à 1½	Supérieures.	Religion. Histoire sainte.	Religion. Catéchisme.	Religion. Histoire sainte.	Religion. Histoire sainte.	Religion. Catéchisme. Législation tous les 15 jours.	
	Inférieures.	Idem.	Idem.	Idem.	Idem.	Idem.	
De 1½ à 2½	Supérieures.	Dessin linéaire.	Arpentage.	Calcul écrit.	Dessin linéaire.	Dessin linéaire.	
	Inférieures.	Dessin linéaire.	Écriture.	Lecture et épellation de mémoire.	Lecture et épellation de mémoire.	Écriture.	
De 2¾ à 3¾	Supérieures.	Calcul de mémoire.	Grammaire.	Grammaire.	Calcul de mémoire.	Grammaire.	
	Inférieures.	Calcul de mémoire et intuitif.	Écriture.	Écriture.	Calcul de mémoire et intuitif.	Écriture.	
De 3¾ à 4	Supérieures.	Narration du maître.	Chant.	Narration du maître.	Narration du maître.	Chant.	
	Inférieures.	Idem.	Idem.	Idem.	Idem.	Idem.	
		Prière et inspect. de propreté.	Prière et inspect. de propreté.	Prière et inspect. de propreté.	Prière et inspect. de propreté.	Prière et inspect. de propreté.	

TROISIÈME TABLEAU.

Plan d'études d'une école tenue par deux maîtres d'après la forme d'enseignement simultané pur.

HEURES.	CLASSES.	LUNDI.	MARDI.	MERCREDI.	VENDREDI.	SAMEDI.	*OBSERVATIONS.*
DIVISION SUPÉRIEURE.							
De 8 à 8½	 I........ II........	Prière. Écriture. Lecture.	Prière. Écriture. Lecture.	Prière. Écriture. Lecture.	Prière. Écriture. Religion. Catéchisme.	Prière. Écriture. Lecture.	1. Voyez les observations premier tableau. 2. Les écoliers passeront de division inférieure à la divis supérieure, lorsqu'ils saur lire, écrire, la numération, système métrique, les qua règles, un peu de dessin linéai etc.
De 8½ à 9½	I........ II........	Religion. Catéchisme. Écriture.	Lecture. Écriture.	Lecture. Écriture.	Lecture. Écriture.	Lecture. Écriture.	
De 9½ à 10½	I........ II........	Calcul de mémoire. *Idem.*	Calcul écrit. *Idem.*	Religion. Histoire sainte. *Idem.*	Calcul de mémoire. *Idem.*	Calcul écrit. *Idem.*	
De 10½ à 11.	I........ II........	Histoire naturelle. Technologie. Physique. Copie de ce qui a été corrigé, et écrire de mémoire les leçons apprises par cœur. Prière et inspect. de propreté.	Religion. Histoire sainte. *Idem.* Prière et inspect. de propreté.	Histoire naturelle. Technologie. Physique. Copie de ce qui a été corrigé, et écrire de mémoire les leçons apprises par cœur. Prière et inspect. de propreté.	Religion. Catéchisme et législation tous les quinze jours. Copie de ce qui a été corrigé, et écrire de mémoire les leçons apprises par cœur. Prière et inspect. de propreté.	Religion. Histoire sainte. *Idem.* Prière et inspect. de propreté.	
De 1 à 1½	 I........ II........	Prière. Copie de ce qui a été corrigé, et écrire de mémoire les leçons apprises par cœur. Religion. Catéchisme.	Prière. Géographie. Astron. Histoire. Compositions faciles.	Prière. Copie de ce qui a été corrigé, et écrire de mémoire les leçons apprises par cœur. Histoire naturelle. Technologie. Physique.	Prière. Copie de ce qui a été corrigé, et écrire de mémoire les leçons apprises par cœur. Histoire naturelle. Technologie. Physique.	Prière. Géographie. Astron. Histoire. Compositions faciles.	
De 1½ à 2½	I........ II........	Arpentage. Dictée.	Compositions. Géographie. Astron. Histoire.	Calcul écrit. *Idem.*	Dictée. *Idem.*	Compositions. Géographie. Astron. Histoire.	
De 2½ à 3½	I........ II........	Grammaire. Dessin linéaire.	Dessin linéaire. Grammaire.	Grammaire. Dessin linéaire.	Grammaire. Dessin linéaire.	Dessin linéaire. Grammaire.	
De 3½ à 4.	I........ II........	Chant. *Idem.* Prière et inspect. de propreté.	Narration du maître. *Idem.* Prière et inspect. de propreté.	Chant. *Idem.* Prière et inspect. de propreté.	Chant. *Idem.* Prière et inspect. de propreté.	Narration du maître. *Idem.* Prière et inspect. de propreté.	
DIVISION INFÉRIEURE.							
De 8 à 8½	 I........ II........	Prière. Écriture. Lecture.	Prière. Écriture. Lecture.	Prière. Écriture. Lecture.	Prière. Écriture. Lecture.	Prière. Écriture. Lecture.	
De 8½ à 9½	I........ II........	Lecture. Écriture.	Lecture. Écriture.	Lecture. Écriture.	Lecture. Écriture.	Lecture. Écriture.	
De 9½ à 10½	I........ II........	Calcul de mémoire et intuitif. Dessin linéaire.	Copie de chiffres. Calcul écrit. Système métrique. Dessin linéaire.	Calcul de mémoire et intuitif. Dessin linéaire.	Calcul de mémoire et intuitif. Dessin linéaire.	Copie de chiffres. Calcul écrit. Système métrique. Dessin linéaire.	
De 10½ à 11.	I........ II........	Développement des facultés intellectuelles. *Idem.* Prière et inspect. de propreté.	Narration du maître. *Idem.* Prière et inspect. de propreté.	Développement des facultés intellectuelles. *Idem.* Prière et inspect. de propreté.	Développement des facultés intellectuelles. *Idem.* Prière et inspect. de propreté.	Narration du maître. *Idem.* Prière et inspect. de propreté.	
De 1 à 1½	 I........ II........	Prière. Lecture et épellation de mémoire. Écriture.	Prière. Lecture. Écriture.	Prière. Lecture et épellation de mémoire. Écriture.	Prière. Lecture et épellation de mémoire. Écriture.	Prière. Lecture. Écriture.	
De 1½ à 2½	I........ II........	Écriture. Lecture et épellation de mémoire.	Écrire de mémoire les leçons apprises par cœur. Lecture.	Écriture. Lecture et épellation de mémoire.	Écriture. Lecture et épellation de mémoire.	Écrire de mémoire les leçons apprises par cœur. Lecture.	
De 2½ à 3½	I........ II........	Dessin linéaire. Calcul de mémoire et intuitif.	Dessin linéaire. Calcul de mémoire et intuitif.	Dessin linéaire. Calcul de mémoire et intuitif.	Dessin linéaire. Calcul de mémoire et intuitif.	Dessin linéaire. Calcul de mémoire et intuitif	
De 3½ à 4.	I........ II........	Religion. Histoire sainte. *Idem.* Prière et inspect. de propreté.	Chant. *Idem.* Prière et inspect. de propreté.	Religion. Histoire sainte. *Idem.* Prière et inspect. de propreté.	Religion. Histoire sainte. *Idem.* Prière et inspect. de propreté.	Chant. *Idem.* Prière et inspect. de propreté.	

QUATRIÈME TABLEAU.

Plan d'études d'une école tenue par deux maîtres d'après la forme d'enseignement simultané mutuel.

HEURES.	CLASSES.	LUNDI.	MARDI.	MERCREDI.	VENDREDI.	SAMEDI.	*OBSERVATIONS.*
				DIVISION SUPÉRIEURE.			Voyez les observations du deuxième et la seconde observation du troisième tableau. *Remarques générales.* 1. Ce n'est pas toujours par nécessité qu'on a varié l'ordre des leçons dans les quatre plans d'études, mais encore pour démontrer aux instituteurs qu'il est facile de le modifier. 2. Lorsqu'un instituteur aura adopté un plan d'études, et qu'il l'aura fait approuver par ses chefs, il le suivra strictement, et en fera prendre une copie par tous les élèves qui savent écrire, du moins en ce qui les concerne. 3. Il est entendu que l'instituteur consacrera des heures particulières et les promenades aux exercices de la gymnastique. 4. Voyez pour la distribution des leçons, les paragraphes 27 à 33, pages 78 à 80.
De 8 à 8½..	Toutes les cl..	Prière. Lecture.	Prière. Lecture.	Prière. Lecture.	Prière. Lecture.	Prière. Lecture.	
De 8½ à 9½.	Supérieures.. Inférieures...	Écriture. Dictée ou compositions faciles.	Écriture. Religion. Catéchisme.	Écriture. Dictée ou compositions faciles.	Écriture. Dictée ou compositions faciles.	Écriture. Religion. Catéchisme.	
De 9½ à 10½	Supérieures.. Inférieures...	Calcul écrit. *Idem.*	Calcul de mémoire. *Idem.*	Calcul écrit. *Idem.*	Calcul écrit. *Idem.*	Calcul de mémoire. *Idem.*	
De 10½ à 11	Supérieures.. Inférieures...	Histoire naturelle. Technologie. Physique. Écriture. Prière et inspect. de propreté.	Géographie. Astron. Histoire. Copie de ce qui a été corrigé, et écrire de mémoire les leçons apprises par cœur. Prière et inspect. de propreté.	Histoire naturelle. Technologie. Physique. Écriture. Prière et inspect. de propreté.	Histoire naturelle. Technologie. Physique. Écriture. Prière et inspect. de propreté.	Géographie. Astron. Histoire. Copie de ce qui a été corrigé, et écrire de mémoire les leçons apprises par cœur. Prière et inspect. de propreté.	
De 1 à 1½..	Supérieures.. Inférieures...	Prière. Arpentage. Histoire naturelle. Technologie. Physique.	Prière. Compositions. Géographie. Astron. Histoire.	Prière. Dessin linéaire. Histoire naturelle. Technologie. Physique.	Prière. Dessin linéaire. Histoire naturelle. Technologie. Physique.	Prière. Compositions. Géographie. Astron. Histoire.	
De 1½ à 2½.	Supérieures.. Inférieures...	Histoire sainte. *Idem.*	Religion. Catéchisme. Écriture.	Histoire sainte. *Idem.*	Histoire sainte. *Idem.*	Religion. Catéchisme et législation tous les quinze jours. Écriture.	
De 2½ à 3½.	Supérieures.. Inférieures...	Grammaire. Dessin linéaire.	Copie de ce qui a été corrigé, et écrire de mémoire les leçons apprises par cœur. Grammaire.	Grammaire. Dessin linéaire.	Grammaire. Dessin linéaire.	Copie de ce qui a été corrigé, et écrire de mémoire les leçons apprises par cœur. Grammaire.	
De 3½ à 4..	Toutes les cl..	Chant. Prière et inspect. de propreté.	Narration du maître. Prière et inspect. de propreté.	Chant. Prière et inspect. de propreté.	Chant. Prière et inspect. de propreté.	Narration du maître. Prière et inspect. de propreté.	
				DIVISION INFÉRIEURE.			
De 8 à 8½..	Toutes les cl..	Prière. Lecture.	Prière. Lecture.	Prière. Lecture.	Prière. Lecture.	Prière. Lecture.	
De 8½ à 9½.	*Idem*	Écriture.	Écriture.	Écriture.	Écriture.	Écriture.	
De 9½ à 10½	*Idem*	Calcul de mémoire et intuitif.	Copie de chiffres. Calcul écrit. Système métrique.	Calcul de mémoire et intuitif.	Calcul de mémoire et intuitif.	Copie de chiffres. Calcul écrit. Système métrique.	
De 10½ à 11.	*Idem*	Dessin linéaire. Prière et inspect. de propreté.	Dessin linéaire. Prière et inspect. de propreté.	Dessin linéaire. Prière et inspect. de propreté.	Dessin linéaire. Prière et inspect. de propreté.	Dessin linéaire. Prière et inspect. de propreté.	
De 1 à 1½.	*Idem*	Prière. Lecture et épellation de mémoire.	Prière. Lecture et épellation de mémoire.	Prière. Lecture et épellation de mémoire.	Prière. Lecture et épellation de mémoire.	Prière. Lecture et épellation de mémoire.	
De 1½ à 2½.	*Idem*	Écriture.	Écriture.	Écriture.	Écriture.	Écriture.	
De 2½ à 3½.	*Idem*	Religion. Histoire sainte.	Narration du maître.	Religion. Histoire sainte.	Religion. Histoire sainte.	Narration du maître.	
De 3½ à 4..	*Idem*	Développement des facultés intellectuelles. Prière et inspect. de propreté.	Chant. Prière et inspect. de propreté.	Développement des facultés intellectuelles. Prière et inspect. de propreté.	Développement des facultés intellectuelles. Prière et inspect. de propreté.	Chant. Prière et inspect. de propreté.	

www.ingramcontent.com/pod-product-compliance
Lightning Source LLC
Chambersburg PA
CBHW072243270326
41930CB00010B/2253